Alles ECHT
Älteste Belege zur Bibel aus Ägypten

herausgegeben von
Jürgen Schefzyk

VERLAG PHILIPP VON ZABERN · MAINZ AM RHEIN

139 Seiten mit 106 Farb- und 8 Schwarzweißabbildungen

Frontispiz:
Ägypten: Übergang der Wüste zum fruchtbaren Land.
Das trockene heiße Wüstenklima bietet die Voraussetzung für die Erhaltung von Papyrus, Pergament und Papier über lange Zeiträume. Der älteste Papyrus der Ausstellung hat bis zu seiner Entdeckung knapp 1700 Jahre im Wüstenboden überdauert.

Bibliografische Information der Deutschen Nationalbibliothek

Die Deutsche Nationalbibliothek verzeichnet diese Publikation in der Deutschen Nationalbibliografie; detaillierte bibliografische Daten sind im Internet über <*http://dnb.d-nb.de*> abrufbar.

Weitere Publikationen aus unserem Programm
finden Sie unter: *www.zabern.de*

ISBN-10: 3-8053-3693-4 (Buchhandelsausgabe)
ISBN-13: 978-3-8053-3693-2 (Buchhandelsausgabe)
ISBN-10: 3-8053-3726-4 (Museumsausgabe)
ISBN-13: 978-3-8053-3726-7 (Museumsausgabe)

Printed in Germany by Philipp von Zabern
Printed on fade resistant and archival quality paper (PH 7 neutral) · tcf

Inhaltsverzeichnis

Grußwort

Die Schirmherrschaft für die Ausstellung „Alles Echt Älteste Papyri zur Bibel aus Ägypten" habe ich gerne übernommen, weil sie unsere Aufmerksamkeit auf die Bibel lenkt, die Richtschnur unseres Glaubens. Die Ausstellung bietet etwas Einmaliges in Deutschland. Sie führt uns ganz nahe an die historischen Wurzeln und an den Ursprung der Bibel heran. Das finde ich aufregend und lehrreich. Dadurch wird klar, dass die Bibel über viele Jahrhunderte hinweg tradierte Texte enthält. Sie zu bewahren und immer neu zu verstehen, ist eine bleibende Aufgabe, die das Bibelhaus für die Evangelische Kirche in Hessen und Nassau mit dieser und anderen Ausstellungen auf sehr eindrückliche Weise erfüllt.

Dr. Peter Steinacker

Prof. Dr. Dr. h.c. Peter Steinacker
Kirchenpräsident der Ev. Kirche von Hessen und Nassau

Abb. Seite 6/7:
Zerbrochene Tonkrüge in typischer Fundsituation. Mittelägypten. Tonkrüge dieser Art boten eine Möglichkeit zur sicheren Aufbewahrung der Papyri.

Grußwort

Übersetzung aus dem griechischen Original:

Hochwürdigster Kirchenpräsident Dr. Peter Steinacker, in Christus, unserem Gott, geliebter Bruder, Gnade sei Ihnen und Friede von Gott dem Vater und unserem Herrn Jesus Christus.

Mit großer Freude haben wir Ihrem Schreiben vom 27. Januar d. J. entnommen, dass Sie eine interessante Ausstellung zur Heiligen Schrift unter dem Titel „Alles ECHT“ mit ältesten Handschriften biblischer Texte vorbereiten. Ihre uns ehrende Einladung, gemeinsam mit Ihnen und S. Exzellenz dem Ministerpräsidenten des Bundeslandes Hessen Herrn Roland Koch die Schirmherrschaft über diese Ausstellung zu übernehmen, nehmen wir gern an, weil wir glauben, dass diese Dokumentation christlicher Kultur auf den größtmöglichen geistlichen Nutzen ihrer zahlreichen Besucher abzielt.

Was allerdings unsere persönliche Anwesenheit am Tag der Ausstellungseröffnung anbelangt, so ist bereits heute ersichtlich, dass diese nicht möglich sein wird. Darum bestimmen wir unseren im Herrn geliebten Bruder und Mitliturgen Metropolit Augoustinos von Deutschland zu unserem offiziellen Vertreter. Er wird auch unser Grußwort verlesen.

Aufrichtig danken wir für Ihre unserer leidgeprüften Heiligen Großen Kirche Christi stets erwiesene bruderliebende Zuneigung und umarmen Sie in Christus Jesus unserem Herrn.

20. März 2006
Euer Hochwürden in Christus geliebter Bruder
Patriarch Bartholomaios von Konstantinopel

Σεβασμιώτατε Ἐπίσκοπε Δρ Peter Steinacker, ἐν Χριστῷ τῷ Θεῷ λίαν ἀγαπητέ καί περιπόθητε ἀδελφέ, χάρις εἴη τῇ ὑμετέρᾳ Σεβασμιότητι καί εἰρήνη παρά Θεοῦ Πατρός καί Κυρίου ἡμῶν Ἰησοῦ Χριστοῦ.

Μετά πλείστης χαρᾶς πληροφορηθέντες διά τοῦ ἀπό κζ´ Ἰανουαρίου ἐ. ἔ. ὑμετέρου γράμματος τήν προετοιμασίαν τῆς λίαν ἐνδιαφερούσης Βιβλικῆς ἐκθέσεως Alles ECHT μέ ἀρχαιότατα ἀντίγραφα ἁγιογραφικῶν κειμένων καί ἀνταποκρινόμενοι εἰς τήν τιμητικήν πρόσκλησιν ὑμῶν ὅπως τεθῇ αὕτη ὑπό τήν κοινήν αἰγίδα τῆς ὑμετέρας Σεβασμιότητος, τοῦ Ἐξοχωτάτου Πρωθυπουργοῦ τοῦ Κρατιδίου τῆς Ἔσσης κυρίου Roland Koch καί τῆς ἡμετέρας Μετριότητος, εὐχαρίστως ἀποδεχόμεθα ταύτην, πιστεύοντες ὅτι ἡ σπουδαία αὕτη χριστιανικοπολιτιστική ἐκδήλωσις ἐκεῖσε θέλει ἔχει ὡς καρπόν τήν σημαντικήν πνευματικήν ὠφέλειαν τῶν ποικίλων ἐπισκεπτῶν.

Ὅσον δ᾽ ἀφορᾷ εἰς τήν προσωπικήν παρουσίαν τῆς ἡμετέρας Μετριότητος κατά τήν ἡμέραν τῶν ἐγκαινίων τῆς ἐκθέσεως ἐκεῖσε, μᾶλλον αὕτη ἐκ τῶν ἄχρι σήμερον δεδομένων καθίσταται ἀδύνατος. Ὅθεν, ὁρίζομεν ὡς ἐπίσημον ἐκπρόσωπον ἡμῶν τόν ἐν Κυρίῳ λίαν ἀγαπητόν ἀδελφόν καί συλλειτουργόν Ἱερώτατον Μητροπολίτην Γερμανίας κύριον Αὐγουστῖνον, ὅστις καί θά ἀναγνώσῃ ἡμέτερον χαιρετισμόν.

Ἐπί δέ τούτοις, εὐχαριστοῦντες εἰλικρινῶς καί διά τά ἑκάστοτε ἐπιδεικνύμενα φιλάδελφα αἰσθήματα τῆς ὑμετέρας Σεβασμιότητος πρός τήν δοκιμαζομένην καθ᾽ ἡμᾶς Ἁγίαν τοῦ Χριστοῦ Μεγάλην Ἐκκλησιαν, διατελοῦμεν κατασπαζόμενοι ὑμᾶς ἐν Χριστῷ Ἰησοῦ τῷ Κυρίῳ ἡμῶν.

βς´ Μαρτίου κ´
Τῆς ὑμετέρας Σεβασμιότητος
ἀγαπητός ἐν Χριστῷ ἀδελφός

Grußwort

Die Bibel ist ältestes Zeugnis und prägendes Element unserer christlich-abendländlichen Kultur. Die Schirmherrschaft über eine Ausstellung über „das Buch der Bücher" habe ich deshalb gerne übernommen. Die Präsentation ältester handschriftlicher Abschriften eröffnet uns heute die Möglichkeit einer ganz besonderen Annäherung an die Schriften, die über den kulturhistorischen Wert hinaus auch eine spirituelle Annäherung an die Bibel ermöglicht. Dass die Ausstellungsmacher dabei modernste Präsentationstechniken einsetzen, lässt eine spannende Inszenierung erwarten. Das Projekt ist breiter Unterstützung wert.

Roland Koch
Hessischer Ministerpräsident

Vorwort

Die Frage nach den Quellen besitzt bei der Bibel eine deutliche Nähe zur Frage nach der Wahrheit: Wie echt ist die Bibel und wie wahr ist die Geschichte ihrer Überlieferung? Was passt somit besser in ein Bibelhaus als eine Ausstellung, die Belege zum schriftlichen Ursprung der Bibel zeigt.

Eine Schriftreligion muss ihre schriftlichen Wurzeln belegen können. Um diese zu finden, führt ein Weg nach Ägypten. Neben dem heutigen Syrien bildet es das wichtigste Zentrum für die frühe Christenheit. Das trocken-heiße Wüstenklima bietet beste Voraussetzungen, Schriften auch über 1800 Jahre zu erhalten. So finden sich auf Friedhöfen der frühen Christen Ägyptens (Kopten), in Klöstern und auch in antiken Mülldeponien Papyri, Pergamente und Ostraka, die heute zu den ältesten Belegen des Neuen Testaments zählen.

72 Objekte haben wir für diese Ausstellung zusammengestellt. Sie bieten einen umfassenden Einblick in die Frühzeit des Christentums. Wer den Chester Beatty-Papyrus anschaut, steht vor dem ältesten Beleg des Matthäusevangeliums. Ein weiterer Schritt noch näher an dessen Ursprung ist zurzeit nicht möglich. Aus dem gleichen 3. Jh. n. Chr. findet sich aber auch ein Papyrus, der zwar einer Szene aus den Evangelien nahe steht, aber mit den Evangelientexten nicht identisch ist. Christliche Inhalte wurden auf vielfache Weise transportiert. Durch professionelles und privates Abschreiben, durch Gesang und Predigt, durch das Tragen von Amuletten und den Unterricht in der Schule fand die christliche Botschaft ihren Weg durch die Jahrhunderte.

Die Konzeption des Bibelhauses am Museumsufer (Frankfurt), in dem die Ausstellung gezeigt wird, bietet mehr als die Präsentation der Objekte. In der Dauerausstellung des Erlebnismuseums werden alle Objekte erlebnispädagogisch präsentiert. Auch für die Wechselausstellung „Alles ECHT“ hat das Bibelhaus dieses Konzept umgesetzt und fünf in den Objekten enthaltene Themenbereiche inszeniert. Die Themen „Alles ECHT – Verlorene Welten – Bibel und Magie – Gesungene Texte – Bibel und Schule“ bieten die Möglichkeit, Lebenswelten früher biblischer Texte zu erforschen. 15 Objekte aus 3000 Jahren Schriftgeschichte zeigen alle wichtigen Sprachen zur Bibel. Kreativität und ein bisschen handwerkliches Geschick sind gefragt, wenn unter Anleitung eines Goldschmiedes mit historischem Werkzeug ein eigenes Silberamulett nach dem Vorbild des Ausstellungsstückes hergestellt werden kann. Somit gibt es genug Möglichkeiten, den frühesten christlichen Schriften in Ägypten nahe zu kommen, nicht nur mit den Augen sondern auch mit der eigenen schöpferischen Tätigkeit.

Ein herzlicher Dank geht an das Papyrusmuseum der Österreichischen Nationalbibliothek Wien und seinen Kurator, Herrn Mag. Dr. Harald Froschauer. Aus den Beständen der Österreichischen Nationalbibliothek stammt der größte Teil der Leihgaben. Die intensive und angenehme Zusammenarbeit hat der Planung dieser Ausstellung zu einem guten Abschluss verholfen. Der Dank geht aber auch an die weiteren Leihgeber, die mit ihren Objekten die Inhalte der Paypri gegenständlich werden lassen. Den kreativen Ideen und der planerischen Kompetenz von Frau Kerstin Wagener (szenario Wolfenbüttel) und Herrn Oliver Gebhardt (raumgestaltung metz Langen) ist es zu verdanken, dass „Alles ECHT“ eine Form erhalten hat, die den Zugang zu den Objekten mit allen Sinnen ermöglicht. Herrn Prof. Dr. Wolfgang Zwickel (Mainz) danke ich herzlich für die wissenschaftliche Leitung und Herrn Studienleiter Uwe Martini (Gießen) für die religionspädagogische Aufarbeitung im Online Portal *www.alles-echt-online.de*. Den Autoren gilt der Dank für ihre Beiträge, mit denen die Objekte und die Themen der Inszenierungen vertiefend dargestellt werden. Ohne die Förderung der Frankfurter Bibelgesellschaft wäre der Druck dieses Kataloges nicht möglich geworden, so dass ich für diese Hilfe besonders danke.

Frankfurt im Juli 2006,
Jürgen Schefzyk,
Leitung Bibelhaus am Museumsufer

Aufsätze

Abb. Seite 14/15:
Kloster von Abu Fano. Versammlungsraum. Mittelägypten
Der Versammlungsraum des Klosters ist mit Wandmalereien ausgestattet. Der Raum ist mit einem Lehmboden versehen und umlaufend befinden sich gemauerte Sitzbänke für die Mönche. Man darf davon ausgehen, dass in derartigen Räumen auch aus den heiligen Schriften vorgelesen wurde.

Wolfgang Zwickel, Mainz

Von der Keilschrift zum Codex

Abb. 1: Schreibpalette aus Ägypten (Neues Reich)
Bei dieser aus Sykomorenholz gefertigten Schreibpalette befinden sich im oberen Teil, weitgehend durch die Binsen verdeckt, Vertiefungen für die schwarze und rote Tusche. Die Tusche wurde mit den Binsen aufgetragen, die man in einem Fach in der Mitte der Palette aufbewahren konnte.

Schlägt man heute ein Buch auf, denkt man in der Regel nicht weiter darüber nach, was man in der Hand hat: Einzelne Blätter bzw. Druckbögen, auf der linken Seite gebunden, mit einem massiven Einband versehen. Es ist wesentlich praktischer, in einem Buch zu blättern und etwas zu suchen, als etwa auf dem Computerbildschirm einen entsprechenden Text zu lesen. Andererseits bietet aber auch der Computer große Vorteile: Mit Hilfe eines Suchprogramms findet man leicht einzelne Begriffe, für die man ansonsten das ganze Buch durchlesen müsste. Trotz allem: Das Buch ist in den meisten Fällen noch immer die einfachste und best bewährte Form, längere Texte schriftlich zu überliefern und zu bewahren. Im Gegensatz zu vielen digitalen Texten, die heute auf CD gespeichert werden und vielleicht schon in wenigen Jahren nicht mehr lesbar sind, hat das Buch eine lange Tradition und scheint noch immer zukunftsträchtig. Aber es stand nicht am Anfang der Schriftentwicklung, sondern war eine geradezu revolutionäre Erfindung, nachdem man bereits mehrere Jahrtausende Texte verfasst hat.

1. Die Anfänge der Schriftentwicklung

Schrift ist das notwendige Produkt eines sich allmählich entwickelnden Staates bzw. einer zentral gelenkten Gesellschaftsordnung. Einfache und kleine Sozialverbände benötigen noch keine schriftlich fixierten Sachverhalte. Erst eine kompliziertere Sozialordnung macht es nötig, Dinge schriftlich festzuhalten, um sie im Zweifelsfall überprüfen und um Anordnungen geben zu können. So ist es auch heute noch in einer Kleinfamilie nur selten nötig, Dinge aufzuschreiben, während man einen Staat ohne entsprechende Verwaltung mit ihren Aktenbergen nicht regieren kann. Bis ins 20. Jh. n.Chr. hinein gab es z.B. in Sibirien noch Gegenden, in denen die Menschen gänzlich ohne eine ausgebildete Form von Schrift auskamen, weil es keiner übergeordneten Verwaltung bedurfte.

Vor über 5000 Jahren wurden in Ägypten und Mesopotamien etwa gleichzeitig die ersten Schriften entwickelt: die Hieroglyphen („heilige Buchstaben") in Ägypten (**Katalog Nr. 35.1, 35.2**, sowie Abbildung 1) und die Piktogramme und Ideogramme des Sumerischen (**Katalog Nr. 36, 37** und Abbildung 2) in Mesopotamien. Diese Entwicklung der Schrift fällt in beiden Regionen mit der Entstehung erster größerer und komplexerer Staaten zusammen. Es ist zudem auch die Zeit, in der neben der Schrift der Weinstock und der Ölbaum kultiviert und der Pflug erfunden wurden. Damit waren die wirtschaftlichen Grundlagen gegeben, um größere Ortschaften zu gründen, durch Spezialisierung auf bestimmte landwirtschaftliche Produkte in der Landwirtschaft einen Überschuss zu erwirtschaften, einen überregionalen Handel mit dem Überschuss der Waren einzuführen und so das gesamte gesellschaftliche Leben neu zu organisieren. All diese Vorgänge erforder-

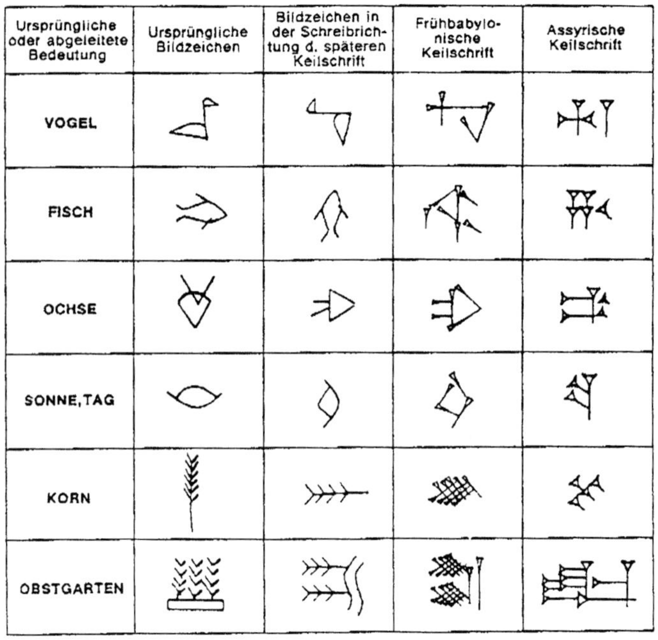

Abb. 2: Entwicklung der Schrift von den ersten Piktogrammen bis hin zur akkadischen Schrift

Abb. 3: Der Codex Hammurabi, in Auftrag gegeben von dem babylonischen Herrscher Hammurabi (1729–1686 v.Chr.), galt im gesamten Vorderen Orient als vorbildliche Gesetzessammlung, die über rund 1000 Jahre hinweg immer wieder abgeschrieben und damit weiterhin tradiert wurde. Das Bild zeigt den Oberteil der Stele mit dem König Hammurabi links und dem Sonnengott Schamasch, der dem König die Herrschaftssymbole übergibt.

ten Schrift, um eine Verwaltung aufzubauen und um die Handelsgeschäfte abzuwickeln. Die ältesten Schriftzeugnisse sind einfache Zahlenangaben z.B. über den Verkauf von Waren, über zur Aufsicht vergebene Tiere, die nach einiger Zeit vollständig dem Eigentümer wieder zurückgegeben werden mussten, oder Namensangaben, um den Besitz zu vermerken. Schon bald kamen Rechts- und Verwaltungstexte hinzu – eben jene Texte, die nötig sind, um ein komplexes staatliches Gebilde organisieren zu können (Abbildung 3). Je differenzierter sich ein Staat gestaltete, umso mehr Texte musste er produzieren, um die Ordnung aufrecht zu erhalten.

Inschriften wurden zum Teil, vor allem bei Bauinschriften und bei Stelen, in Stein gemeißelt bzw. geritzt oder aber auf einen mit heller Putzschicht überzogenen Stein gemalt. In Ägypten verwendete man für die Alltagstexte gerne Papyrusblätter. Dazu nahm man die Stängel der Papyrusstauden, spaltete sie in dünne Streifen, die anschließend übereinander gelegt und gepresst wurden (Abbildung 4). So entstand eine Schreibgrundlage, die mit Tinte beschriftet werden konnte. In Mesopotamien wurde dagegen die Keilschrift entwickelt. Hierzu drückte man mit einem angespitzten Strohhalm Zeichen in noch weiche Tontafeln, die nach der Beschriftung gebrannt und so dauerhaft aufbewahrbar gemacht werden konnten. Relativ selten wurde Metall beschrieben. Dies könnte aber auch daran liegen, dass viele Metallgegenstände wieder eingeschmolzen wurden und daher nicht erhalten blieben.

2. Die Erfindung der Buchstabenschrift

Keilschrift und Hieroglyphen haben eine Gemeinsamkeit: Sie sind äußerst schwer zu erlernen, denn beide Schriftsysteme benötigen je rund 800 verschiedene Schriftzeichen. Daher waren Schreiber in der jeweiligen Gesellschaft hoch stehende und sehr gebildete Menschen (vgl. Kat.Nr. 26). Das Erlernen der jeweiligen Schrift war äußerst aufwändig, und nicht jede Stadt konnte sich einen derart gebildeten Menschen leisten. Schreiben und Lesen haben somit eine Gemeinsamkeit: Es war das Vorrecht einer Elite.

Die Komplexität der Schriftsysteme war für eine allgemeine Verbreitung der Schrift jedoch hinderlich. Mesopotamien und Ägypten waren mit ihren herkömmlichen Schriften vertraut; dort gab es nicht das kreative Potential und nicht die kulturelle Notwendigkeit, etwas Neues zu entwickeln. In Syrien-Palästina, zwischen den beiden großen Kulturzentren der Antike gelegen und zudem stark vom Mittelmeerhandel beeinflusst, entstand dagegen offenbar ein Bedarf an einer einfacheren Schrift. Im 16. Jh. v.Chr wurde wahrscheinlich in Palästina (Belege stammen bislang aus Sichem, Gezer und Lachisch) eine erste Alphabetschrift mit insgesamt 27 Buchstaben entwickelt. Die meisten der bislang entdeckten Inschriften stammen jedoch von der Sinaihalbinsel (15. Jh. v.Chr.) (Abbildung 5). Diese Schrift orientiert sich am Rebus-System: Man bildete einen bestimmten Gegenstand ab und verwendete dieses Zeichen für den Anfangsbuchstaben. So meint z.B. ein abgebildeter Stierkopf (hebr. äläp) den Buchstaben aleph, ein abgebildetes Haus (hebr. bayit) den Buchstaben b.

Etwa zeitgleich zu dieser ersten Alphabetschrift wurde in der nordsyrischen Hafenstadt Ugarit, dem wirtschaftlichen Zentrum der ganzen Levante in der Spätbronzezeit, ein weiteres Buchstabensystem mit 30 Buchstaben entwickelt, das jedoch auf das traditionelle Schriftsystem der Keilschrift zurückgriff und dieses vereinfachte (Abbildung 6).

Mit dieser Entwicklung, die in der Folgezeit noch weiter ausgestaltet wurde, war es nun zumindest theoretisch möglich, dass breitere Kreise Lesen und Schreiben lernen konnten. Trotzdem war dies weiterhin das Vorrecht einer – nun etwas breiteren – Elite, denn die meisten Ackerbauern hatten keinerlei Bedarf daran, Texte lesen zu können.

Abb. 4: Für die Herstellung eines Papyrusblattes werden die Stängel der Papyrusstaude in dünne Streifen geschnitten und rechtwinklig übereinander gelegt. Presst man nun die so entstandenen Blätter, erhält man innerhalb weniger Tage eine beschreibfähige Grundlage.

3. Die phönizische Schrift und Schreibmaterialien

In den Küstenstädten Phöniziens wurden die Schriftsysteme dann weiter entwickelt. Es ist nicht ganz zufällig, dass dies gerade hier geschah. Die Städte waren Handelszentren und benötigten für den überregionalen Handel im Mittelmeerraum ein einfaches Schriftsystem,

Abb. 5: Diese Sinaiinschrift (Nr. 349) erwähnt eine Opferhandlung, die der Göttin Baalat dargebracht werden soll.

das auch von ausländischen Händlern leicht erlernt werden konnte. So entstand das phönizische Alphabet, das im ganzen levantinischen Raum übernommen wurde (Abbildung 7a, 7b). Es handelt sich um eine Buchstabenschrift mit 22 Buchstaben, wobei nur die Konsonanten geschrieben wurden. Gegenüber der ugaritischen Schrift, bei der Keilschriftbuchstaben verwendet wurden, hatte die phönizische Schrift einen wesentlichen Vorteil: Sie ließ sich mit Tinte auf einen Schriftträger auftragen, und man musste nicht mehr den Ton nach dem Beschriften brennen, um das Schriftstück auf längere Zeit haltbar zu machen. Aus dieser ersten Alphabetschrift entwickelten übrigens die Griechen und Römer dann unser heutiges Alphabet, indem sie die Konsonanten weitgehend beibehielten, aber Vokale hinzufügten; so wurde z.B. aus dem semitischen Buchstaben aleph unser heutiges A. Während ursprünglich dieser Buchstabe als reines Bildzeichen aus einem Dreieck für einen Tierkopf bestand und die Linien verlängert wurden, um Ohren und Hörner anzuzeigen, drehte man nun den Buchstaben um. Aus den ursprünglichen Hörnern wurden so die nach unten gerichteten Abstriche unseres A.

Vor allem in Palästina verwendete man gerne Ostraka, d.h. Scherben von zerbrochenen großen Tongefäßen, die anschließend mit Tinte beschriftet oder aber mit eingeritzten Buchstaben versehen wurden (vgl. Katalog Nr. 4–6). Wichtig waren daneben als Schriftträger auch Papyrus, Leder und später Pergament. Diese Materialien haben sich aber in dem relativ feuchten Israel kaum erhalten, dafür aber in den viel trockeneren Wüstengegenden Ägyptens. Dass Papyrus aber auch in Palästina auch eine große Bedeutung hatte, zeigen die recht zahlreichen Bullen (Abdrücke von Siegelstempeln in Tonklumpen), die inzwischen sowohl bei Ausgrabungen als auch im Antikenhandel aufgetaucht sind (vgl. Kat.Nr. 42–45). Diese weisen auf der Rückseite noch die typischen Spuren der Papyrusblätter auf. Papyrus konnte relativ preisgünstig aus der Papyruspflanze hergestellt werden, die Herstellung von Pergament war dagegen viel aufwändiger und damit teurer. Im Gebiet des heutigen Israel dürfte es schon im Altertum am Hulesee, einem See etwa 30 km nördlich des See Gennesaret, einen intensiven Anbau von Papyruspflanzen gegeben haben, der dann für die Herstellung von Papyrusblättern verwendet wurde. Das Wort „Bibel" stammt vom griechischen „biblion" „Papyrusrolle, Bast". Dieses Material wurde wiederum von der phönizischen Hafenstadt Byblos aus in die westliche Welt verschickt. Unter den Papyrusblättern werden sich neben ägyptischen auch solche aus dem Gebiet des Hulesees befunden haben, der relativ nahe an der phönizischen Stadt liegt.

Abb. 6: Alphabet aus Ugarit
Das kleine Täfelchen führt das komplette ugaritische Alphabet auf.

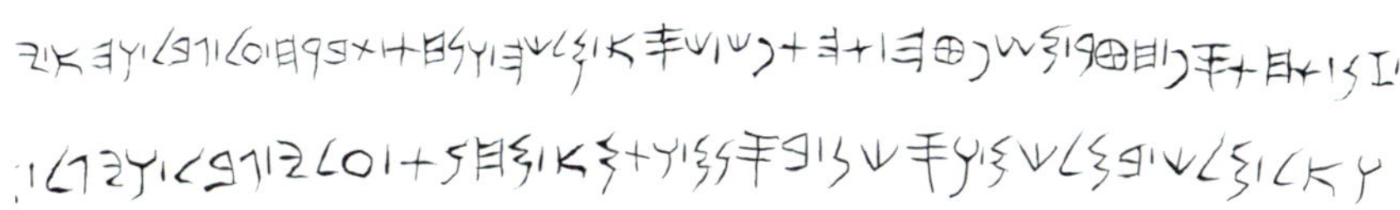

Abb. 7: Ahiram-Sarkophag mit Inschrift
Der Sarkophag des Ahiram, König von Byblos (um 1000 v.Chr.), trägt auf seinem Deckel folgende Grabinschrift (unten ein Ausschnitt der Inschrift in Umzeichnung): „Zum Sarkophag hat dies gemacht Ittobaal, Sohn des Ahiram, König von Byblos, für Ahiram seinen Vater. Fürwahr, er setzte ihn damit ins Verborgene. Und wenn ein König unter den Königen und ein Statthalter unter Statthaltern und ein Heerlagerkommandant Byblos überfällt und deckt diesen Sarkophag auf, dann sei der Stab seiner Gerichtsamkeit entblättert, sei der Thron seines Königtums umgestürzt und die Ruhe fliehe von Byblos, und er – man lösche seinen Memorialeintrag für die Totenpflege." Hierbei handelt es sich um die älteste längere Inschrift, die in der phönizischen Schrift verfasst wurde. Auf diese Schrift geht auch unser Alphabet zurück.

4. Das Alte Testament als Kulturgut des antiken Israel

Im Umfeld dieser ersten Buchstabenschrift der Geschichte entstand das Alte Testament. Das Hebräische ist ein Dialekt des Phönizischen, und die phönizische Schrift wurde auch in Israel und Juda verwendet, als man dort mit dem allmählich sich etablierenden Königtum eine Verwaltung aufbaute. Quantitativ relevant sind die uns erhalten gebliebenen Texte aus dem wirtschaftlich stärker entwickelten Nordreich Israel erst ab dem 9. Jh., aus dem Südreich Juda erst ab dem späten 8. Jh. v.Chr. Das zeigt deutlich, wie sehr die Schriftentwicklung von Verwaltungstexten wie z.B. Abgabenlisten abhängig war. Die Schrift diente nicht in erster Linie dazu, Kulturgüter wie etwa die biblischen Texte zu bewahren, sondern sie wurde im Alltag für die Verwaltung benötigt.

Viele Leute waren damals durchaus in der Lage, ihren Namen oder einfache Texte zu lesen. Die Fähigkeit, längere Schriften abzufassen, war jedoch in der vorexilischen Zeit (vor 587 v.Chr.) nur einer kleinen Gruppe vorbehalten, die über eine entsprechende Ausbildung verfügte. Priester mussten religiöse Texte lesen, höhere Militärbeamte die Befehle ihrer Vorgesetzten, und die Schreiber am königlichen Hof bzw. an den königlichen Verwaltungseinrichtungen mussten entsprechende Verwaltungstexte und Abgabenlisten abfassen können. Einige Künstler, die Siegel herstellten, werden ebenfalls schriftkundig gewesen sein. Der Großteil der Bevölkerung wird jedoch wohl nie mehr als seinen Namen geschrieben oder gelesen haben.

Wie aber entstand in diesem Umfeld das Alte Testament? Das ist eine höchst komplizierte und eigentlich nicht in wenigen Zeilen zu beantwortende Frage. Zunächst kann man ganz allgemein sagen, dass das Alte Testament nicht von vornherein als „Wort Gottes" verstanden wurde, sondern eher als das Kulturgut des Volkes Israel zu werten ist. Nur so ist es verständlich, dass sich im Alten Testament mit den Psalmen auch ausdrücklich Menschenwort findet, wenn auch als Antwort der Menschen auf das Handeln Gottes. Und mit dem Buch Hohelied haben wir auch ganz profane Liebeslieder im Alten Testament; erst in späterer Zeit wurde für dieses biblische Buch das Verhältnis zwischen Mann und Frau auf die Beziehung zwischen Gott und seinem Volk gedeutet. Auch andere Bücher (z.B. die Sprüche, das Buch Kohelet oder das Estherbuch) sind nicht unbedingt und in erster Linie religiöse Bücher. Sie sind vielmehr die hochstehende literarische Überlieferung eines

Volkes, für das Religion (wie für alle Völker der damaligen Zeit) eine grundlegende Orientierung im Alltag war. Geschichtliche Entwicklung und persönliches Ergehen wurde in der damaligen Zeit immer auch als göttliches Handeln verstanden, und daher ist das Alte Testament zwangsläufig in allen seinen Teilen ein Buch vom Handeln Gottes mit einzelnen Menschen bzw. mit seinem Volk.

Geschichtliche Ereignisse wurden damals sicherlich zunächst eine Zeitlang mündlich überliefert. Allzu weit wird dieser mündliche Traditionsstrang jedoch nicht zurückreichen, weil wesentliche historische Elemente spätestens in der 2. oder 3. Generation verloren gehen. Mündliche Überlieferung führt immer dazu, dass die traditionellen Stoffe neu gestaltet, um Details verkürzt und dramatisch zugespitzt werden. So wird es in der Phase mündlicher Überlieferung immer zu starken Veränderungen der Stoffe bzw. zu Verlusten wichtiger Details gekommen sein. Andererseits können alte Überlieferungsstoffe bei einer Verschriftlichung auch völlig neu gestaltet werden, um mit Hilfe der Traditionsstoffe eine aktuelle Botschaft für die jeweiligen Zeitgenossen zu vermitteln. Darin gleichen die historisierenden biblischen Überlieferungen z.B. modernen historischen Romanen, die u.U. auch nur einen historischen Kern als Ausgangspunkt haben, während die Rahmenhandlung reine Fiktion ist.

Anfangs wurden die einzelnen schriftlich festgehaltenen Texte nur in kleineren Gruppen gelesen. Die Worte des Propheten Amos etwa, die nach seinem Tode aufgezeichnet wurden, waren sicherlich nur einem kleinen Kreis seiner ehemaligen Schüler und Verehrer bekannt. Weil man den Propheten als Gottesboten und als wichtigen Deuter der Gegenwart verstand, wurden die Texte in diesen Schülerkreisen aufbewahrt und immer wieder diskutiert. Lange Zeit wird es von diesen Schriften auch nur eine einzige Buchrolle gegeben haben. War diese nach vielleicht 200 Jahren stark verschlissen, musste der Text neu abgeschrieben werden. Verstand man zwischenzeitlich durch neue politische oder religiöse Ereignisse die alte Botschaft eines Propheten neu, so konnte man diese Interpretation vorläufig an den Rand schreiben. Beim nächsten Abschreiben des gesamten Textes wurden die Ergänzungen dann in den fortlaufenden Text eingetragen. Diese Ergänzungen verstand man nicht als Verfremdungen des ursprünglichen Prophetenwortes, sondern als gottgewollte und damit legitime Neu- und Weiterinterpretationen der alten Botschaft. Diese wurde somit nicht „archiviert", sondern war weiterhin sprechendes und sich ständig aktualisierendes Wort Gottes. Spannend ist dabei, dass man teilweise auch sich widersprechende Meinungen festgehalten hat. Das Alte Testament ist so ein Zeugnis einer breiten religiösen Diskussion, die im antiken Israel stattfand.

Eine erste Sammlungsbewegung von überliefertem Schriftgut gab es nach 587 v.Chr., dem Zeitpunkt der Eroberung Jerusalems durch die Babylonier und damit dem Ende des Staates Juda. Das Volk Israel wurde nun in alle Himmelsrichtungen verteilt. Einige suchten in Ägypten oder anderswo eine neue Existenz, andere, insbesondere Angehörige der Oberschicht, wurden nach Mesopotamien verschleppt, wieder andere blieben im Land. Diese Zersplitterung des Volkes führte dazu, dass man im fremden Land das überlieferte Gut bewahren wollte. Vermutlich war die Gruppe im babylonischen Exil besonders bemüht um den Erhalt des Traditionsgutes. Andererseits konnte nicht alles aufgehoben werden, sondern es musste ein Maßstab gefunden werden, was der weiteren Überlieferung wert war. Diejenigen Prophetenworte, die einen Untergang Israels und Judas angekündigt hatten und die sich damit dank der entsprechenden historischen Entwicklung als richtig und folglich als göttlich legitimiert erwiesen hatten, wurden aufbewahrt, andere Schriften verworfen. Auch ein erster Grundstock der ersten vier Bücher Mose (Genesis, Exodus, Leviticus und Numeri) wurde weitertradiert, dazu auch ein Grundbestand des 5. Buches Mose (Deuteronomium), das erst 622 v.Chr., wenige Jahrzehnte vor der Zerstörung Jerusalems, als erste verbindliche Glaubensgrundlage verfasst wurde. Hinzu kam auch noch ein Geschichtswerk, das den Zeitraum von der Landnahme unter Josua bis zur Zerstörung Jerusalems umfasste (die heutigen Bücher Josua – 2 Könige). Hier ging es nicht so sehr darum, eine möglichst objektive Geschichtsschreibung in unserem heutigen Sinne zu bieten, sondern die 587 v.Chr. erlebte Katastrophe der völligen Zerstörung des „Gelobten Landes" als Folge eines sündhaften Vergehens der Israeliten und Judäer zu verstehen.

Diese Sammlung heiliger Schriften hatte eine identitätsstiftende Funktion. Man kannte nun die eigene Tradition, konnte sie in einer kleinen Gruppe lesen und diskutieren. Aber weiterhin war dies nur das Vorrecht eines äußerst kleinen Kreises von lesekundigen Männern. Weiterhin dürfte es nur ein Exemplar dieser Schriften gegeben haben. Im Umfeld derselben Gelehrtenschaft entstand gegen Ende des babylonischen Exils

(538 v.Chr.) ein neues Werk (die sog. Priesterschrift), das als aktualisierter Neuentwurf der überlieferten Geschichtstradition der Bücher Genesis bis Numeri an die Seite gestellt wurde. Dieses Werk umfasste den Zeitraum von der Schöpfung bis zur Tätigkeit Moses. Nicht zufällig behandelt ein Großteil dieses Werkes die Rückkehr des Volkes Israel in das Gelobte Land: Die Zeit des Mose mit ihrem Auszug aus Ägypten wurde nun mit der Zeit der Rückkehrmöglichkeit für die exilierte Oberschicht von Mesopotamien nach Israel parallelisiert. Die priesterschriftliche Geschichtsdarstellung will so Werbung für die Rückkehr in das Gelobte Land machen.

Einen weiteren wichtigen Schritt stellt die jährliche Verlesung eines schriftlich fixierten Textes dar, die Esra um 398 v.Chr. angeordnet haben soll (vgl. Neh 8). Auch wenn noch immer umstritten ist, welcher Text hier wirklich verlesen wurde, findet damit doch ein neues Stadium in der kulturellen Entwicklung des Judentums statt: Nun gibt es einen verbindlichen Text, der als Grundlage für das ganze Volk herangezogen werden kann. Während bislang das Sammeln von Traditionsgut das Privatinteresse kulturell interessierter Kreise war, ist nun zumindest ein Teil des überlieferten Textgutes Bestandteil der gesamten nationalen Identität. Damit ist aber auch der erste Schritt vollzogen, dass aus einem gelebten Glauben, der sich ohne feste Dogmatik entwickeln kann, eine Buchreligion entsteht, die sich an einem festen und allgemein anerkannten schriftlichen Text zu orientieren hat. Mit diesem Schritt gewann die Interpretation autoritativ verstandener biblischer Texte zunehmend eine größere Rolle: Nun wurden nicht mehr Texte neu geschrieben, sondern unter schriftgelehrter Aufnahme älterer Texte neue Glaubensaussagen verfasst.

5. Die Vervollständigung des Kanons hebräischer Schriften

Mitte des 2. Jh.s v.Chr. wurde von dem königlichen Beamten Aristeas eine Legende verfasst, wonach Demetrius von Phaleron, der Vorsteher der Bibliothek in Alexandria, seinem König Ptolemäus II. Philadelphos (283–246 v.Chr.) es nahe gelegt habe, die jüdische Tora ins Griechische übersetzen zu lassen und in die Bestände der alexandrinischen Bibliothek einzufügen. 72 Gelehrte (in der Tradition wird abgerundet auf 70, daher auch der Name Septuaginta/LXX) hätten daraufhin in 72 Tagen den gesamten Pentateuch übersetzt und sich auf einen verbindlichen Text geeinigt. Unter historischen Gesichtspunkten ist diese Legende wertlos. Sie belegt aber, dass es spätestens zur Zeit des Aristeas, also in der Mitte des 2. Jh.s v.Chr., nach neueren Forschungen vielleicht sogar schon im ausgehenden 3. Jh. v.Chr., eine griechische Übersetzung der fünf Bücher Mose (hebr. Tora) gegeben haben muss und diese fünf Bücher als hochzuschätzende Quelle des Judentums verstanden wurden.

Die Übersetzung der Tora ins Griechische zeigt aber auch an, welche Sprache nun die Kultursprache im gesamten Mittelmeerraum war, nämlich das Griechische. Immer mehr wurde das Griechische zur Sprache der gelehrten Oberschicht im östlichen Mittelmeerraum, während das Hebräische vom Aramäischen als Alltagssprache für die restliche Bevölkerung verdrängt wurde.

In Teilen des Judentums genossen neben der Tora zunehmend noch weitere Schriften ein hohes Ansehen. Jesus Sirach, verfasst zwischen 190 und 170 v.Chr., führt in seinem „Lob der Väter“ (Kap. 44–49) mehrere Personen wie Josua, David, Salomo oder Elia auf, die er Noah, Abraham und Mose an die Seite stellt. Dies zeigt, dass damals zumindest Teile der N^{e}bi‘im (Propheten), der zweite Teil des hebräischen Kanons, bereits als Traditionsliteratur anerkannt waren (Abbildung 8). Zu den N^{e}bi‘im gehören neben dem sog. Deuteronomistischen Geschichtswerk (Bücher Josua bis 2. Könige) auch die Prophetenbücher. Dass die im 2. Jh. v.Chr. verfassten oder abgeschlossenen Chronikbücher und die Bücher Esra, Nehemia und Daniel nicht mehr aufgenommen wurden, zeigt, dass zu diesem Zeitpunkt offensichtlich die Gruppe der N^{e}bi‘im schon recht abgegrenzt war und damit autoritativen Charakter hatte. Allerdings traf das nur für einen Teil des Judentums zu. Zur Zeit Jesu hielt die Gruppe der Sadduzäer nur die Tora für verbindlich, den übrigen Schriften wiesen sie einen Wert zweiten Ranges zu.

Im (späten) 1. Jh. n.Chr. gelten im Judentum auch die restlichen Bücher, die wir heute in der Lutherübersetzung des Alten Testaments finden, in weiten Kreisen als kanonisch anerkannt. Hierzu gehören neben den Chronikbüchern, dem Daniel-, Esra- und Nehemiabuch z.B. auch die Psalmen oder die Sprüche. Diese dritte Gruppe wird im Hebräischen K^{e}tubim (Schriften) genannt.

Um 95 n.Chr. schrieb der jüdische Schriftsteller Flavius Josephus in seiner Schrift „Gegen Apion“ (1,8):

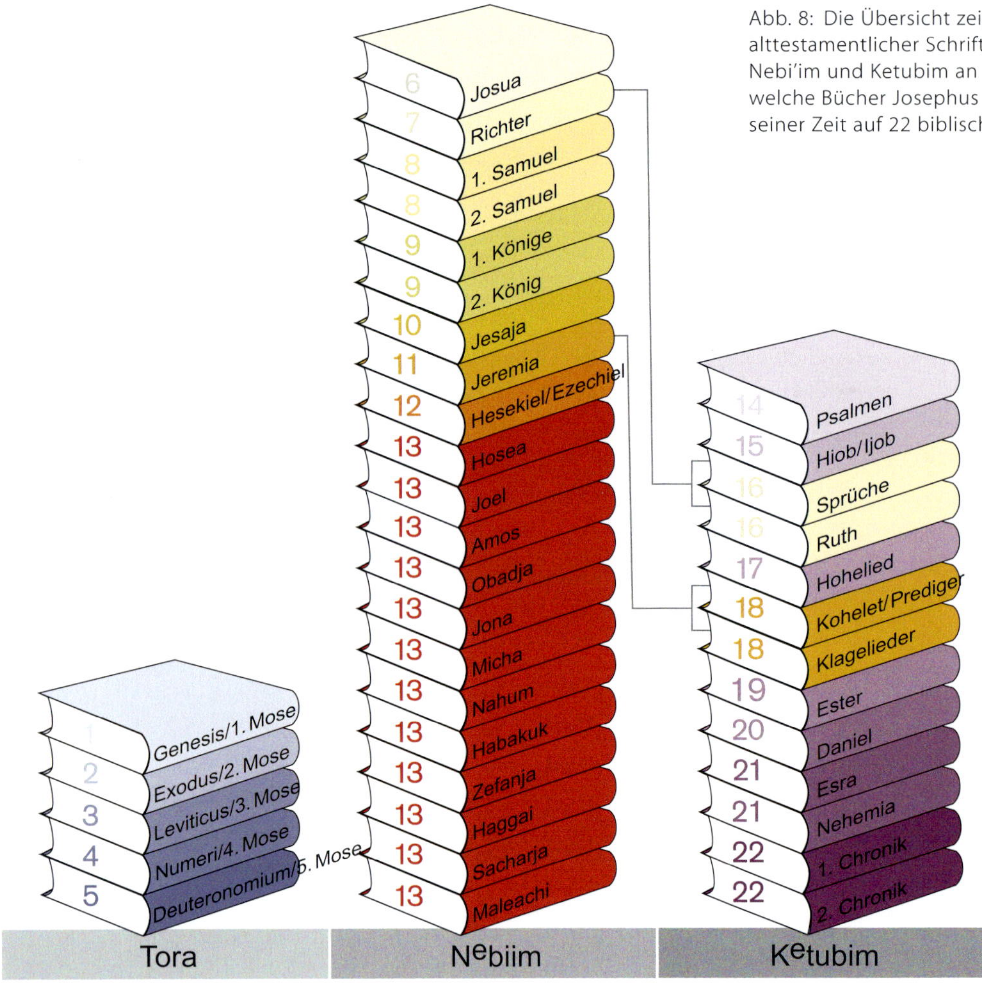

Abb. 8: Die Übersicht zeigt die Zugehörigkeit einzelner alttestamentlicher Schriften zu den drei Gruppen Tora, Nebi'im und Ketubim an und verdeutlicht zugleich, welche Bücher Josephus zusammengefasst hat, um zu seiner Zeit auf 22 biblische Bücher zu kommen.

„Bei uns gibt es keine Unzahl von einander abweichender und sich gegenseitig widersprechender Bücher, sondern nur 22, welche die gesamte Vergangenheit schildern und mit Recht als göttlich angesehen werden." Auf die Zahl 22 kommt man, wenn man die Samuel-, Könige- und Chronikbücher als ein Buch zählt, ebenso das Esra- und Nehemiabuch, das Buch Rut dem Richterbuch und die Klagelieder dem Jeremiabuch zuordnet und auch die kleinen Propheten auf einer Rolle zusammenschreibt, wie es meist der Fall war (Abbildung 8). Josephus belegt aber noch einen weiteren Schritt der Entwicklung: Das Alte Testament ist zu seiner Zeit nicht mehr eine allgemeine Sammlung des Traditionsguts der Juden, sondern wurde inzwischen insgesamt als göttliches Wort verstanden. Damit wurde die Geschichte vom Handeln Gottes mit seinem Volk zur „Heilsgeschichte", die schriftliche Fixierung der Vergangenheit damit zur „Heiligen Schrift".

Josephus nennt nur die in Palästina voll anerkannten Bücher. In der griechischen Welt gab es noch weitere, auf Griechisch verfasste Texte, die sich einer großen Beliebtheit unter den dortigen Juden erfreuten. In die griechische Textüberlieferung (LXX) wurden diese Texte unproblematisch aufgenommen. Da die katholische Bibelübersetzung auf der LXX bzw. der davon abhängigen Vulgata fußte, finden sich diese Texte in katholischen Bibelübersetzungen heute innerhalb des Alten Testaments. In evangelischen Übersetzungen bilden die Texte dagegen als Apokryphen eine eigene Gruppe neben dem Alten und dem Neuen Testament.

Abb. 9: Celsus-Bibliothek in Ephesos
Die Celsus-Bibliothek in Ephesos wurde zwischen 114 und 125 n.Chr. von Tiberius Julius Aquila, einem Mitglied der römischen Oberschicht, zu Ehren seines Vaters errichtet. Sie beherbergte bis zu 12.000 Schriften und war damit eine der bedeutendsten Bibliotheken im Mittelmeerraum

6. Die hellenistische Zeit als Zeit einer breiten Lese- und Schreibkultur

Ein weiterer wichtiger Schritt hat sich im Laufe der Zeit vollzogen, der nicht hoch genug eingeschätzt werden kann. Verwaltungsarchive sind schon lange belegt. Büchersammlungen literarischen oder philosophischen Inhaltes gab es im griechischen Raum aber erst ab dem 6. Jh. v.Chr. Das erste Sammeln von biblischen Texten, das in die selbe Zeit fällt, ist vor diesem zeitgeschichtlichen Hintergrund gut verständlich. Wirkliche Bibliotheken entstanden jedoch auf königliches Betreiben hin erst ab etwa dem 3. Jh. v.Chr. Die berühmten antiken Bibliotheken von Alexandria und Ephesos (Abbildung 9) sind ein leuchtendes Beispiel hierfür. Die soziale Entwicklung in Palästina mit einer immer größer werdenden Schere zwischen arm und reich ermöglichte es einer kleinen Oberschicht ab dem 3./2. Jh. v.Chr., private Bestände zu sammeln und regelmäßig zu lesen (Abbildung 10). Das meditative Vertiefen in diese Texte wurde zum Ideal des Frommen, der sich nicht mit Alltagsarbeit abmühen musste. So heißt es in Psalm 1,2: „Wohl dem, der Lust hat am Gesetz Jahwes und sinnt über sein Gesetz bei Tag und bei Nacht“. Ab dem 2. Jh. v.Chr. dürfen wir von einem Anstieg der Buchproduktion ausgehen, die vor allem für begüterte Privathaushalte bestimmt war. Texte mussten nun ver-

Abb. 11: Bei den Ausgrabungen in Qumran am Toten Meer wurde ein Gebäudekomplex freigelegt, in dem es auch aus Ton gefertigte Sitzbänke und Tische gab. Einige Forscher vermuten, dass es sich hierbei um eine Schreibstube handelt, in der die Rollen, die in der Umgebung von Qumran gefunden wurden, niedergeschrieben wurden.

Abb. 10: Rekonstruktion eines Bücherschrankes in der Bibliothek in Pergamon. Zeichnung I. Arvanitis

stärkt abgeschrieben werden. Man hat, vielleicht mit guten Gründen, vermutet, dass die berühmte Bibliothek von Qumran mit ihren zahlreichen Handschriften nicht nur der Lektüre diente, sondern dass hier auch eine Schreiberwerkstatt existierte, die die große Nachfrage nach „Heiligen Schriften“ befriedigen sollte (Abbildung 11).

Die vielfältigen Abschriften hatten aber auch zur Folge, dass unterschiedliche Textausgaben entstanden. Wir können heute nachweisen, dass die Übersetzungen der LXX zum Teil auf eine ältere Textfassung zurückgehen als die Textüberlieferung, die wir in der hebräischen Bibel vorfinden. Die Funde aus Qumran haben diese Vielfalt von Textüberlieferungen noch einmal nachdrücklich belegt. In der Regel sind es keine gravierenden Unterschiede, die sich in den Texten finden. Schwer verständliche Worte wurden angeglichen, manchmal wurden Zeilen beim Abschreiben versehentlich übersprungen u.a.m. Es ist aber deutlich, dass es im 1. Jh. n.Chr. noch keinen genau festgelegten Text der kanonisierten Schriften gab, sondern nebeneinander existierende unterschiedliche Textrezensionen.

Dass überhaupt Privatbibliotheken entstanden, hängt mit einem weiteren kulturgeschichtlich höchst relevanten Aspekt zusammen, der häufig nicht genügend berücksichtigt wird. In vorexilischer Zeit (vor 587 v.Chr.) gab es Schulbetriebe, in denen man Lesen und Schreiben lernen konnte, wohl nur im Bereich der Tempel und Kultstätten, in der militärischen Ausbildung und an den königlichen Schreiberschulen. In (spät-)nachexi-

Abb. 12: Schulszene aus dem 2. Jh. n.Chr. mit einem Lehrer in der Mitte und zwei Schülern mit Buchrollen neben ihm.
Relief aus dem Rheinischen Landesmuseum Trier

lischer Zeit (ab ca. dem 3. Jh. v.Chr.) scheint sich das zumindest für Oberschichtskreise geändert zu haben. Nun finden sich erstmals in den biblischen Texten auch Erwähnungen von Schulen. In Jesus Sirach, einer kurz nach 190 v.Chr. verfassten Schrift, heißt es (51,31): „Kommt her zu mir, ihr Unerfahrenen, und geht bei mir in die Schule!". Im Neuen Testament wird eine Schule in Apg 19,9 erwähnt. Auch der Beruf des Lehrers findet sich durchweg in Texten, die in spätnachexilischer Zeit entstanden sind (Hi 36,22; Ps 119,99; Spr 5,13; Jes 30,20; 2 Makk 1,10). Parallel zu der Entstehung von Privatbibliotheken entstand somit auch ein Bedarf an Unterricht. Wer es sich leisten konnte, lernte Lesen und Schreiben und übte sich in der Lektüre der biblischen Schriften, aber sicherlich auch der griechischen Philosophen (Abbildung 12). Damit entstand eine kleine, aber einflussreiche Gruppe der Schriftkundigen, die ihren Lebensunterhalt nicht mit Arbeit verdienen mussten, sondern sich allein der Lektüre gelehrter Texte widmen konnten. Zum Teil dürfte es sich dabei um die im Neuen Testament häufig erwähnten Schriftgelehrten handeln.

Nach dem Untergang Jerusalems 70 n.Chr. wurde das Hebräische zunehmend eine Sprache, die nur noch von Spezialisten gesprochen wurde. Selbst von Juden wurde es allenfalls zur Lektüre der Heiligen Schriften, nicht aber im Alltag verwendet, wo man Aramäisch sprach. Dies hatte eine doppelte Konsequenz. Zum einen mussten die Texte in die gängigen Alltagssprachen übersetzt werden. Da sich Juden im gesamten Mittelmeerraum befanden, traten neben die LXX schon bald Übersetzungen oder Übertragungen ins Lateinische, Syrische, Arabische, Aramäische, Koptische u.a.m. Zum anderen drohte die Aussprache des Hebräischen völlig verloren zu gehen, da von den Texten weiterhin nur die Konsonanten geschrieben wurden. Zwischen dem 6. und 9. Jh. n.Chr. bemühten sich jüdische Gelehrte daher, die genaue Aussprache des überlieferten hebräischen Textes festzuhalten. Hierzu wurden verschiedene Systeme entwickelt, wie man durch zugesetzte Punktierungen auch die Vokale ausdrücken konnte.

7. Die Entstehung des Neuen Testaments

Das frühe Christentum war eine Religion, in der die schriftliche Überlieferung von vornherein eine große Rolle spielte. In dem Zeitraum von ca. 50 bis 60 n.Chr. sandte Paulus an verschiedene Gemeinden Briefe, in denen er seine Theologie darstellte. Von den neutestamentlichen Briefen werden heute als echte Paulusbriefe der 1. Thessalonicherbrief, die beiden Korintherbriefe, der Galater-, Römer-, Philipper- und der Philemonbrief angesehen. Diese Texte wurden offenbar in den einzelnen Gemeinden abgeschrieben und gesammelt. So stand schon am Beginn des Christentums eine erste Sammlung hoch geschätzter Texte des Paulus. Parallel dazu wurden auch Jesusworte in einer Spruchquelle (Q) gesammelt. Auf diese Spruchquelle griffen dann um 80 n.Chr. die Evangelienschreiber Matthäus und Lukas zurück, während das Markusevangelium schon kurz vor 70 n.Chr. ohne Kenntnisse von Q abgefasst worden sein dürfte. Später kam um 100 n.Chr. noch das Johannesevangelium als viertes Evangelium hinzu. Diese Texte, verbunden mit weiteren Briefen und anderen Büchern (Apostelgeschichte, Offenbarung des Johannes), fanden schnell in den verschiedenen christlichen Gemeinden ein hohes Ansehen und wurden im Gottesdienst gelesen. Allerdings gab es zunächst keine Festlegung, welche Texte wirklich allgemein anerkannt waren. In manchen Gemeinden fehlten sicherlich einzelne Briefe, in anderen Gemeinden waren auch Texte verbreitet, die später nicht in den Kanon der neutestamentlichen Schriften aufgenommen wurden. In der Zeit um 200 n.Chr. waren in vielen christlichen Gemeinden zumindest die vier Evangelien, die Paulusschriften und zum Teil auch noch weitere Briefe verbreitet und wurden allgemein akzeptiert. Der Hebräerbrief und die Johannesoffenbarung wurden jedoch nicht überall gelesen, dafür teilweise aber weitere Schriften wie eine Petrusapokalypse oder die Schrift „Hirt des Hermas". Die heute zum Neuen Testament zugehörigen Texte werden in exakt dieser Zusammenstellung erstmals im Osterfestbrief des alexandrinischen Bischofs Athanasius (298–373) aus dem Jahre 367 n.Chr. genannt. Zwar hatte diese Schrift keine bindende Wirkung für die gesamte Christenheit, zumal nicht für die westliche Kirche mit ihrem Zentrum in Rom, aber im Verlauf des 4. und 5. Jahrhunderts bildete sich dieser Kanon der akzeptierten Schriften zunehmend als Grundkonsens in der gesamten Christenheit heraus. Die Festlegung des neutestamentlichen Kanons erfolgte somit nicht auf Grund eines Synodenbeschlusses, sondern ist das Ergebnis eines Jahrhunderte langen lebendigen Gebrauchs von heiligen Texten: Diejenigen Schriften, die sich heute im Neuen Testament finden, haben sich im Verlauf der frühen Christenheit als besonders sinnvoll für die gottesdienstliche Verwendung herausgestellt. Der Kanon des Neuen Testaments ist somit das Ergebnis kirchlicher Praxis und Erfahrung.

Die regionale Verbreitung des Christentums im gesamten Mittelmeerraum und im Nahen Osten führte zu der Notwendigkeit, die biblischen Schriften in eine Vielzahl von Sprachen zu übersetzen. Schon im 2. Jh. gab es Übersetzungen von Teilen des Neuen Testaments ins Lateinische und ins Syrische, im 3. Jh. ins Koptische. Damit war die Grundlage gelegt für den Siegeszug der christlichen Botschaft in vielen Ländern. Der Text war in die jeweiligen Heimatsprachen übersetzt, und daher konnte er in der christlichen Missionsarbeit eingesetzt werden.

8. Die Erfindung des Pergament

Ein weiterer wichtiger Schritt in der Entwicklung hin zum Codex war die intensivere Verwendung von Pergament. Hierbei handelt es sich um einen Schriftträger, der aus einer Tierhaut (meist Rind, Schaf, Ziege) hergestellt wird (Abbildung 13a–f). Von der Haut werden durch Kalkwasser, Laugen und manuelles Abschaben alle Haarreste beseitigt. Anschließend wird die Haut in einen Holzrahmen gespannt und mit Messern und Bimsstein glatt geschabt und geschliffen. Im Gegensatz zu Leder wird Pergament nicht gegerbt und behält so seine helle und als Schriftträger bestens geeignete Farbe. Der römische Schriftsteller Plinius der Ältere (ca. 23–79 n.Chr.) berichtet (nat.hist. XIII,70), dass es einen Wettstreit zwischen den beiden Königen Eumenes II. von Pergamon (221–159 v.Chr.) und Ptolemäus V. Epiphanes von Ägypten (204–181/0 v.Chr.) gab, ob die größte Bibliothek der Welt in Pergamon oder aber in Alexandria stände. Ptolemäus erließ ein Exportverbot von Papyrus, das damals das übliche Schreibmaterial war. Daraufhin verbesserten die Bewohner von Pergamon die nach ihrer Stadt benannte Pergamentherstellung, die schon seit dem 3. Jt. in Ägypten bekannt war. Da Pergament wesentlich haltbarer und flexibler war als Papyrus, löste es diesen in der Folgezeit als herkömmliches Schreibmaterial ab. Zudem konnte beschriftetes Pergament immer wieder mit Hilfe eines Bimssteines abgeschabt und neu beschriftet werden (sog. Palimpsest). Im Gegensatz zum Papyrus war es somit recyclebar.

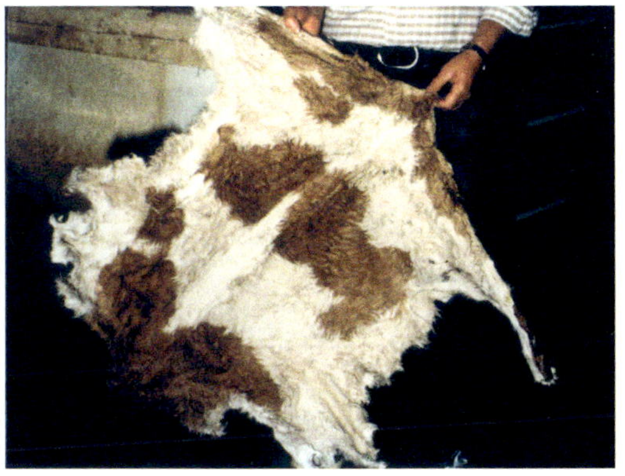

Abb. 13 a

Abb. 13 b

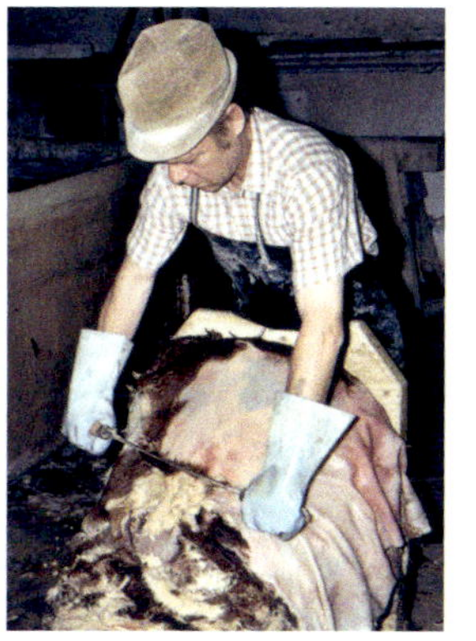

Abb. 13 c

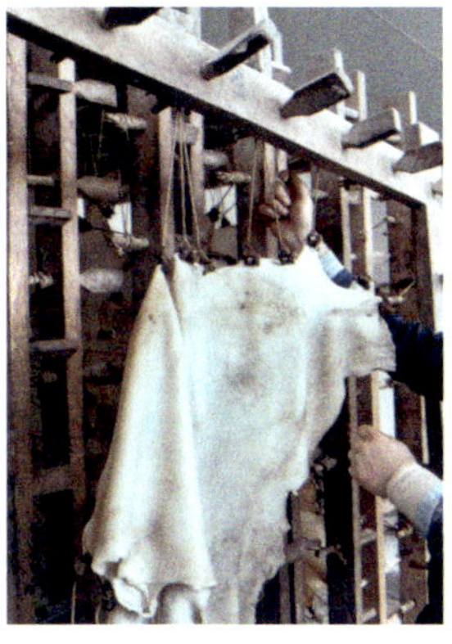

Abb. 13 d

Abb. 13 e

Abb. 13 f

Abb. 13 a–f: Pergamentherstellung
Für die Herstellung von Pergament wird eine Tierhaut (a) in Kalkwasser getaucht (b), damit sich die Haarwurzeln von der Haut lösen und diese anschließend abgeschabt werden können (c). Dann wird die gesäuberte Haut in einen Rahmen gespannt (d, e) und mit Messer oder Bimsstein glatt geschabt (f). So erhält man eine helle und gut beschreibbare Fläche.

9. Die Entstehung des Codex

Wer jemals mit einer aus Leder oder Papyrus gearbeiteten Schriftrolle gearbeitet hat, erkennt schnell deren Nachteile: Es ist äußerst umständlich, in dem fortlaufenden Text etwas zu suchen. Ständig muss man auf der einen Seite den Text auf- und auf der anderen entsprechend abrollen. Die in Holz gefassten Wachstäfelchen, auf denen man Notizen vermerken konnte, waren da schon praktischer. Schnell konnte man eine Seite umblättern, wenn man nach einem entsprechenden Eintrag suchte. Diese Wachstäfelchen hatten den Namen Codex. Allerdings bestanden sie nur aus wenigen Seiten und waren daher nur zum Aufschreiben kurzer Texte geeignet. Trotzdem führte gerade diese Gattung Schriftträger zur Erfindung unseres heutigen Buches bzw. des Codex. Mit Hilfe eines Fadens wurden Lagen von Pergament- oder (seltener und bald außer Gebrauch gekommen) Papyrusblättern zusammengeheftet und durch einen festen Einband geschützt. Der Einband half auch, die besonders empfindlichen Anfänge bzw. Enden von Texten besser zu schützen. Zudem konnten Codices in Bücherregalen viel dauerhafter aufbewahrt werden als Buchrollen.

Diese neue Form der Textpräsentation setzte sich schnell durch. Im Jahre 1983 wurden die damals bekannten Textüberlieferungen aus der Antike zusammengestellt. Die Übersicht zeigt, wie sehr sich der Codex, also die Buchform, innerhalb weniger Jahrhunderte durchgesetzt hatte:

Jahrhundert	Schriftrollen	Codices
I	252	1
I–II	203	4
II	857	14
II–III	349	17
III	406	93
III–IV	54	50
IV	36	99
IV–V	7	68
V	11	88

Ab dem 3. Jh. n.Chr. war demnach der Codex die übliche und am meisten verbreitete Form der Dokumentation von Texten. Heute findet sich die Schriftrolle nur noch im jüdischen Gottesdienst für die Lesung aus der Hebräischen Bibel.

Für die Verbreitung des Codex als übliche Form der schriftlichen Fixierung eines längeren Textes haben die Christen viel beigetragen. Christliche Gemeinden scheinen sich schon recht früh für den Codex entschieden zu haben, während andere Texte zur selben Zeit noch häufig auf Rollen geschrieben wurden. Hierfür hat man verschiedene Gründe erwogen. Da der Codex beidseitig beschriftet werden konnte, eine Lederrolle dagegen nur einseitig, war der Codex billiger. Ein Codex konnte zudem den Inhalt mehrerer Buchrollen aufnehmen. Auch war der Text im Codex besser geschützt als in einer Buchrolle. Ein wesentliches, wenn nicht sogar das entscheidende Kriterium, warum in christlichen Kreisen der Codex viel mehr verwendet wurde als bei den Leserinnen und Lesern der zeitgleichen Oberschicht, dürfte jedoch die praktische Verwendung des Wortes Gottes im Gottesdienst gewesen sein. Teilweise wurden recht vielfältige Texte während ein und desselben Gottesdienstes gelesen. Wollte man all diese Texte rezitieren, musste man sie schnell finden. Und das war nur mit einem Codex, nicht aber mit einer Buchrolle möglich. Die Buchrolle war dagegen wesentlich geeigneter, wenn man einen fortlaufenden Text wie z.B. Homer lesen wollte. Sie war leichter und daher einfacher in sitzender Position zu lesen. Der christliche Gottesdienst, bei dem die Codices auf einem Lesepult oder auf dem Altar lagen, dürfte uns daher zu wesentlichen Teilen dazu verholfen haben, dass wir heute aus Büchern und nicht mehr aus Schriftrollen lesen.

Weiterführende Literatur

(die Liste will nicht eine umfassende Literaturliste mit allen einschlägigen Arbeiten sein und erst recht nicht die für die Abfassung zu Rate gezogene Literatur wiedergeben, sondern der interessierten Leserin bzw. dem interessierten Leser einige wichtige Werke für die eigenständige und weiterführende Lektüre vermitteln):

D. Arenhoevel, So wurde Bibel. Ein Sachbuch zum Alten Testament (Stuttgart ^{4}1981)

K. Aland/B. Aland, Der Text des Neuen Testaments (Stuttgart ^{2}1989)

H. Blanck, Das Buch in der Antike (München 1992)

H. von Campenhausen, Die Entstehung der christlichen Bibel (Tübingen ^{2}2003)

Naissance de l'écriture. Cunéiformes et hiéroglyphes (Paris 1982)

W. Hoepfner (Hrsg.), Antike Bibliotheken (Mainz 2002)

J. Naveh, Early History of the Alphabet. An Introduction to West Semitic Epigraphy and Paleaeography (Jerusalem/Leiden 1982)

J. Renz/W. Röllig, Handbuch der semitischen Epigraphik I–III (Darmstadt 1995–2003)

V. Trost, Skriptorium. Die Buchherstellung im Mittelalter (Stuttgart 1991)

C.H.Robert/T.C. Skeat, The Birth of the Codex (Cambridge 1983)

U. Schnelle, Einleitung in das Neue Testament (Stuttgart ^{5}2005)

M. Tilly, Einführung in die Septuaginta (Darmstadt 2005)

E. Tov, Der Text der hebräischen Bibel. Handbuch der Textkritik (Stuttgart u.a. 1997)

E. Würthwein, Der Text des Alten Testaments. Eine Einführung in die Biblia Hebraica (Stuttgart ^{5}1988)

E. Zenger (Hrsg.), Einleitung in das Alte Testament (Stuttgart ^{5}2004)

W. Zwickel, Kommunikationsmöglichkeiten im alten Israel: Ein Beitrag zu den Rahmenbedingungen der Verschriftlichung biblischer Texte, in: F. Hartenstein u.a., Schriftprophetie. FS J. Jeremias (Neukirchen–Vluyn 2004), 459–479

Textentstehung und Textüberlieferung des Alten und Neuen Testaments
Eine chronologische Übersicht

<table>
<tr><th>Altes Testament</th><th>Neues Testament</th></tr>
<tr><td colspan="2" align="center">1100 n.Chr.</td></tr>
<tr><td>1009: Codes Leningradensis/Petropolitanus; älteste vollständige Handschrift des Alten Testaments</td><td></td></tr>
<tr><td colspan="2" align="center">1000</td></tr>
<tr><td>Um 925: Codex Aleppo, ¾ des gesamten Alten Testaments dieses ältesten nahezu vollständigen hebräischen Textes sind erhalten</td><td></td></tr>
<tr><td colspan="2" align="center">900</td></tr>
<tr><td></td><td>Übersetzung des NT ins Altkirchenslawische</td></tr>
<tr><td colspan="2" align="center">700</td></tr>
<tr><td colspan="2" align="center">678: Fertigstellung einer äthiopischen Bibelübersetzung, die sich wahrscheinlich über mehrere Jahrzehnte hinzog</td></tr>
<tr><td colspan="2" align="center">600</td></tr>
<tr><td colspan="2" align="center">500</td></tr>
<tr><td colspan="2" align="center">414: Fertigstellung einer Bibelübersetzung ins Armenische</td></tr>
<tr><td></td><td>5. Jh.: Übersetzung des NT ins Syrische (Peschitta)</td></tr>
<tr><td colspan="2" align="center">400</td></tr>
<tr><td>Codex Vaticanus und Codex Sinaiticus als älteste weitgehend vollständige Wiedergaben des LXX-Texts des Alten Testaments
Zwischen 390 und 405: Hieronymus übersetzt die Bibel ins Lateinische (Vulgata)
Spätes 4. Jh.: Beginn einer Übersetzung des Alten Testaments ins Äthiopische</td><td>Codex Vaticanus und Codex Sinaiticus als älteste weitgehend vollständige Wiedergaben des Neuen Testaments
383: Fertigstellung einer Revision des lateinischen Textes des Neuen Testaments durch Hieronymus (Vulgata)
367: Bischof Athanasius führt in seinem Osterfestbrief erstmals vollständig die heutigen neutestamentlichen Schriften auf; dieser Brief ist jedoch für die Christenheit nicht bindend, auch wenn sich ein Konsens bei der Bestimmung der kanonischen Bücher allmählich herausgeschält hat
Mitte 4. Jh.: Übersetzung des NT ins Gotische</td></tr>
<tr><td colspan="2" align="center">300</td></tr>
<tr><td>220–240: Hexapla (= 6 Kolumnen) des Origenes mit einer Wiedergabe des hebräischen Textes, der griechischen Transkription, der Septuaginta und dreier weiterer Übersetzungen des Alten Testaments aus dem 1. und 2. Jh.</td><td>Spätes 3. Jh.: Beginn der Übersetzung des Neuen Testaments in Koptische
Aus dem 3. Jh. sind bereits 30 Fragmente neutestamentlicher Texte bekannt</td></tr>
</table>

Altes Testament	Neues Testament
200	
Älteste Fragmente von LXX-Texten aus Ägypten und Palästina (u.a. Chester Beatty) Beginn der Übersetzung des Alten Testaments ins Syrische (Peschitta) Übersetzung des Alten Testaments ins Koptische/Sahidische 140: Marcion bestreitet, dass das Alte Testament für die Christen eine Bedeutung habe Zu Beginn des 2. Jhs.: Übersetzung des Alten Testaments ins Lateinische (Vetus Latina)	Um 190: Kanon Muratori mit Nennung der meisten neutestamentlichen Schriften (Hebräerbrief, Petrusbriefe, ein Johannes- und der Jakobusbrief fehlen); ähnlich Irenäus und Tertullian Ende 2. Jh.: Übersetzung der Evangelien ins Syrische (Diatessaron) 2. Jh.: Diverse Übersetzungen des Neuen Testaments ins Lateinische (Itala/Vetus Latina) Um 125: 𝔓 als ältestes Fragment eines neutestamentlichen Textes (Joh 18,31-33.37-38)
100	
Um 93 n.Chr. beschreibt Josephus den Kanon der jüdischen heiligen Schriften in seiner heutigen Gestalt (Josephus, Contra Apionem, I,8); dieser ist ganz oder weitgehend mit dem heutigen Kanon des Alten Testaments in evangelischer Tradition (d.h. ohne Apokryphen) identisch (4. Stufe der Kanonisierung des Alten Testaments) Beginn der Übertragung des Alten Testaments ins Aramäische (Targumim) Beginn der rabbinischen Interpretation der hebräischen Bibel Entstehung vieler Qumranhandschriften (bis 70 n.Chr.) Belege alttestamentlicher Texte auch unter den Papyri aus Oxyrhynchus in Ägypten	70-100 n.Chr.: Die vier Evangelien werden verfasst 50/51 n.Chr.: Paulus schreibt den 1. Thessalonicherbrief und damit den ersten zusammenhängenden Text des Neuen Testaments. In der Folgezeit entstehen in den einzelnen Gemeinden Sammlungen von Paulusbriefen 30-70 n.Chr.: Entstehung von Sammlungen von Jesusworten

Altes Testament

Zeitenwende

Entstehung vieler Schriften aus Qumran
Entstehung der Psalmen Salomos und des 2. Makkabäerbuches
Die Prophetenbücher werden zunehmend als allgemein gültige Bücher anerkannt (3. Stufe der Kanonisierung des Alten Testaments); vgl. in vielen neutestamentlichen Texten: „Wie bei Mose (= Pentateuch) und den Propheten geschrieben steht"

-100

Ende des 2. Jhs.: Entstehung des samaritanischen Pentateuchs als eigene samaritanisch geprägte Ausgabe auf Grund der Abspaltung der Samaritaner von den Judäern
Um 165: Abschluß des Danielbuches (jüngstes Buch des Alten Testaments)
2. Jh.: Entstehung vieler Psalmen
Entstehung einiger Bücher, die zu den alttestamentlichen Apokryphen (z.B. Tobit, Baruch, Jesus Sirach) gezählt werden
Ältestes Papyrusfragment des Alten Testaments (Papyrus Nash: 2./1. Jh. v.Chr., gibt Dekalog wieder), dazu zahlreiche fragmentarisch erhaltene biblische Textbelege aus Qumran. In das 2. Jh. v.Chr. sind vielleicht auch Silberröllchen aus Ketef Hinnom in Jerusalem zu datieren, die den aaronidischen Segen Numeri/4. Mose 6,24-26 enthalten
1. Hälfte 2. Jh.: Übersetzung weiterer alttestamentlicher Schriften ins Griechische (Septuaginta LXX)

-200

Entstehung der Bücher Hoheslied und vieler Psalmen
1. Hälfte 3. Jh.: Übersetzung des Pentateuchs ins Griechische (Septuaginta LXX)

Altes Testament

-300

Entstehung der Bücher Jona, Rut, Hiob, Deutero- und Tritosacharja (Sacharja 9-14) sowie vieler Psalmen

Unter Esra auch Anordnung einer jährlichen Verlesung des Gesetzes (Nehemia 8), wobei die genaue Gestalt dieses Gesetzes in der Forschung umstritten ist; damit wird das Judentum zu einer Buchreligion, d.h. das Gesetz bekommt einen zentralen Charakter im Glauben (2. Stufe einer Kanonisierung des Alten Testaments)

Entstehung der Grundschrift des Esrabuches (um 398) und der Grundschrift der Chronikbücher

-400

Entstehung der Grundschrift des Nehemiabuches (um 445)

Entstehung der Grundschrift von Tritojesaja (Jes 56-66) und des Maleachibuches

-500

Spätes 6. Jh. v.Chr.: Entstehung der sog. Priesterschrift, der größten Quellenschrift des Pentateuchs, und Entstehung vieler Gesetzespartien des Alten Testaments

Spätes 6. Jh.: Grundschicht der Prophetenbücher Sacharja 1-8 und Haggai

Um 538 v.Chr.: Entstehung der Grundschrift von Deuterojesaja (Jesaja 40-55)

Mitte 6. Jh. v.Chr.: Entstehung weiter Teile des sog. Deuteronomistischen Geschichtswerkes (Bücher Deuteronomium/ 5. Buch Mose – 2. Könige)

Mitte 6. Jh. v.Chr.: Sammlung der Prophetenbücher aus vorexilischer Zeit, redaktionelle Überarbeitung und Erweiterung dieser Prophetenbücher

-600

Ende 7./Anfang 6. Jh. v.Chr.: Grundschrift der Prophetenbücher Jeremia, Hesekiel, Zephanja und Habakuk

622 v.Chr.: Entstehung der Grundschrift des Deuteronomiums/5. Buch Mose => erstmals gibt es eine für das ganze Land verbindliche Gesetzesgrundlage (1. Stufe einer Kanonisierung des Alten Testaments)

-700

Die authentischen Worte der Propheten Amos, Hosea, Jesaja und Micha aus der Mitte und zweiten Hälfte des 8. Jh.s v.Chr. sind die ältesten datierbaren Texte des Alten Testaments

Rechtstraditionen werden zum sog. Bundesbuch (Exodus/2. Buch Mose 20,22-23,32) schriftlich zusammengestellt

Vermutlich in dieser Zeit werden auch die überlieferten Geschichtstraditionen zusammengestellt und bilden einen Grundstock des Pentateuch

Vor –800

Überlieferungen des Pentateuchs und der Geschichtsbücher existierten wahrscheinlich bereits, aber noch als einzelne Traditionen und nicht als Geschichtsbücher in ihrer heutigen Form

Rechtstraditionen und Sippenweisheit wurden mündlich überliefert

Abb. Seite 34/35:
Moderner koptischer Friedhof. Abu Fano. Mitteläygpten
Auf einer ähnlichen koptischen Friedhofsanlage wurde 1930
ein Teil der Papyri gefunden, die heute zur Chester Beatty-Sammlung
gehören.

Hermann Harrauer – Christian Gastgeber

Bibel und Amulett

Einleitung

Um die „magische" Bedeutung des geschriebenen Wortes und in weiterer Folge des Buches in der Antike und in Fortsetzung der Tradition im frühen Christentum zu verstehen, ist auf die kulturelle Grundlage hinzuweisen: Schreiben und Lesen stellte geradezu ein Privileg dar, das nur Kindern gehobenerer Familien zustand. Nicht zuletzt erhielt das Illiteratentum durch eine Stelle aus der Apostelgeschichte (4, 13) geradezu eine Unterstützung; dort wird positiv hervorgehoben, dass die Apostel Petrus und Paulus ungelehrt (ἀγράμματοι) und einfache Leute (ἰδιῶται) waren (als die beiden vor den Hohen Rat der Juden zitiert werden). Dazu konnte man sich auch auf Platons Gesetze (689b–e) berufen mit der Ablehnung der gelehrten Demiurgen, wie das etwas Eusebios v. Kaisareia (v. 264/265–339/340) in seiner *Praeparatio evangelica* macht[1].

So stand einem sehr geringen Prozentsatz der Bevölkerung die Masse gegenüber, für die das geschriebene Wort in seiner Funktion als Medium des gesprochenen Wortes eine geradezu magische Bedeutung hatte[2] – eine Vorstellung, die in einer Kultur des (beinahe) beseitigten Analphabetismus kaum denkbar erscheint.

Ioannes Chrysostomos (ca. 349–14. 9. 407) spricht die Bedeutung des Buches alleine nur durch die Präsenz sehr eindrucksvoll mit folgenden Worten in einer Predigt auf Lazarus aus: *Wie dort, wo immer kaiserliches Kriegsgerät aufbewahrt wird, selbst wenn es keinen gibt, der es benützt, den darin Wohnenden großer Schutz geboten wird und kein Dieb, Einbrecher oder sonst ein Übeltäter das Haus zu betreten wagt, so wird auch dort, wo sich geistige Bücher befinden* (βιβλία πνευματικά), *jegliche Wirksamkeit des Teufels vertrieben und die Bewohner erhalten eine große Ermunterung zu Tugend. Denn der Anblick der Bücher an sich macht uns zögerlich gegenüber der Sünde. Wenn wir nämlich etwas Verbotenes wagen und uns unrein machen, dann jedoch nach Hause kommen und die Bücher sehen, dann verurteilen wir uns selbst eher wegen unseres Gewissens und zögern, in eben diese Situation zu geraten. Leben wir hinwiederum in frommer Heiligkeit, so erhalten wir aus den Büchern noch größeren Nutzen. Denn sofort mit der Berührung des Evangeliums verändert man seine Gesinnung und wendet sich von dem Irdischen ab, und zwar nur aufgrund dieses Anblicks. Kommt dann aber auch noch eine sorgfältige Lektüre des Evangeliums hinzu, so ist die Seele wie in einem Heiligtum eingeweiht und wird so gereinigt und besser, indem Gott mit ihr durch jene Worte spricht*[3].

Freilich steht das frühe Christentum auch hier wieder einmal in einer langen antiken Tradition, die sich in zahllosen magischen Papyri manifestiert: Mit dem Christentum gibt es allerdings insofern eine Neuerung, als man nun – neben gnostischen und heidnischen Formeln – auf die Bibel zurückgriff. Im Heidentum hatte kaum ein literarisches Werk an sich diese Heilskraft, die man einzelnen Versen aus der Bibel (und dazu eigneten sich paroimiale Sinnsprüche sehr gut) zuschrieb – darin liegt sehr wohl eine Neuerung, die allerdings auch mit der Eigentümlichkeit der christlichen Religion, eben einer Buchreligion, verbunden ist. Parallele Entwicklungen zeigt etwa das Judentum oder der Islam; ein oder mehrere Psalmverse bzw. Suren des Korans wurden so auf Papyrus- oder Pergamentstückchen geschrieben, als Amulette verwendet[4].

Einen Eindruck von der Schutzfunktion, die man diesen Texten zuschrieb, geben zahlreiche Papyrus- und Pergamentfragmente, die oft nur einzelne Verse, sehr beliebt Psalmverse, oder Evangelienstellen überliefern. Die Beliebtheit der Psalmverse in diesem Zusammenhang ist dabei augenscheinlich[5], wie auch die magischen Anweisungen unten verdeutlichen. Es handelt sich bei diesen Stücken ganz eindeutig nicht um Bruchstücke einer Handschrift, sondern um kleine Amulette, die man zu welcher Funktion auch immer bei sich trug.

Biblische Schutzamulette auf Papyrus und Pergament

Für diesen Abschnitt kann man wie für viele andere Bereiche der ägyptischen Kultur von einer Norm ausgehen: Alle kulturellen Neuerungen und Änderungen sind im Vorherigen verhaftet. Das Neue erweckt den Eindruck, sich aus dem Vorhandenen in bedächtigen Schritten zu entwickeln, wobei der harmonische, gleitende Übergang von einem zum anderen Neuen nicht zu übersehen ist.

Amulett wird in dem Sinn verwendet, dass das betreffende Schriftstück dem Inhalt nach so gewählt ist, dass ein Schutzcharakter das primäre Merkmal ist. Texte aus dem Christlichen sind dazu ohne Frage ganz besonders geeignet[6]. Die Schutzfunktion ist auch in der christlichen Zeit im Vordergrund zu sehen, wodurch ein gleichsam unauffälliger Übergang von Stellen aus dem heidnischen Schrifttum zum christlichen in der gleichen Anwendung beträchtlich gefördert wird.

Amulett für Jungverheiratete

Eines der anschaulichsten Beispiele für diese Dualität des Alten und Neuen stellt ein sogenanntes Amulett für Jungverheiratete dar. In ihm sind jene Bestandteile zu einem neuen Inhalt vereinigt, die in ihrer Symbiose dieses Werden veranschaulichen. Die Charakterisierung möge dies verdeutlichen:

Das Blatt (P.Vindob. G 2312, 6. Jh.) (**Katalognummer 16**) mit einer Breite von 1,9 und einer Höhe von 6 cm beginnt mit sieben siebenstrahligen Sonnensternen. Dieser Sonnenstern ist ein Zeichen, das aus magischen Texten vorchristlicher Zeit gut bekannt ist. Die Zahl Sieben hat im christlichen Kontext die wohlbekannte Bedeutung[7]. Es folgen Bibelzitate, und zwar zuerst Ps. 91: Die Zählung der Psalmen unterscheidet sich in den modernen Bibelübersetzungen von der Zählung in der Septuaginta (LXX). Der leichteren Verständlichkeit wegen ist in diesem Katalog die Zählung der modernen Bibelübersetzungen zugrunde gelegt. Die Septuagintaübersetzung unterscheidet sich häufig stark von der hebräischen Vorlage. *Wer im Schutz des Höchsten wohnt, wird im Schatten des Gottes des Himmels ruhen. Er wird zum Herrn sagen: Mein Beschützer bist du und meine Zuflucht, mein Gott und mein Hirte, auf den ich vertraue.* Als zweites folgt aus dem Römerbrief (12, 1f.): *Ich ermahne euch, Brüder, bei der Barmherzigkeit Gottes, eure Körper als heile Seele zu gestalten, tugendhaft und als geistigen Gottesdienst und nicht nur äußerlich.* Die dritte Textstelle ist aus dem Johannesevangelium (2, 1) gewählt: *Und am dritten Tag fand eine Hochzeit in Kana in Galiläa statt. Es waren aber Jesus und seine Mutter mit ihm zusammen geladen.* Den Abschluss (als neunte Zeile: angesichts der Bedeutung der Zahl kaum als Zufall zu werten) bilden magische Charaktere und Anrufungen an Adonai und Sabaoth.

Der vom ersten Editor[8] vorgeschlagenen Deutung als „Amulett für Jungverheiratete" ist in jedem Aspekt zuzustimmen. Man beachte dabei eine gewisse inhaltliche Klimax, die mit einer allgemein formulierten Schutzbitte beginnt, in der Aufforderung, seine Seele gottgefällig zu gestalten, gesteigert wird und in der Erwähnung der Hochzeit zu Kana das eigentliche Ziel anspricht. Umrahmt wird der Textbereicht von den Sonnenstrahlen und der Anrufung von Adonai und Sabaoth, unterstützt von magischen Charakteren. In diesen beiden sind die traditionellen, gleichsam altbewährten Elemente für Amulette zu sehen.

Psalm 10, 1–4

Fragmente eines ursprünglich etwa 15 cm breiten und 8 cm hohen Papyrusblattes enthalten in acht Zeilen (dazukommt eine Zeile mit Zierelementen als neunte Zeile) Passagen aus Ps. 10. Die Rückseite des Einzelblattes ist unbeschriftet. Die Schrift ist eine schöne, anspruchsvolle Majuskel des 5. Jh. Die Entsprechungen hinsichtlich Blattgröße und Zeilenzahl zum Amulett für Jungverheiratete führen zur Deutung als Amulett[9]: *Warum, Herr, stehst du so ferne, verbirgst dich in Zeiten der Not? Im Übermut verfolgt der Frevler den Armen, fängt ihn mit den Ränken, die er ersann. Denn der Frevler rühmt sich seiner wilden Gier, und der Ungerechte brüstet sich. Den Herrn verachtet der Frevler hochmütigen Sinnes.* Der Tenor der ausgewählten Stelle weist das Amulett als Schutzbitte aus.

Psalm 63, 2–3 und Psalm 3, 5–6

Eine weitere Variante in der Textwahl und in der praktischen Ausgestaltung eines Amulettes führt das 9 cm breite und 8 cm hohe Papyrusblatt P.Vindob. G 26166 (5./6. Jh.) vor (**Katalognummer 12**)[10]. Der Papyrus ist auf beiden Seiten beschrieben. Die Textfolge (zuerst Ps. 63, dann Ps. 3) ist sichergestellt. Den Amulettcharakter des Papyrusblattes hat Peter Sanz, der erste Editor, festgestellt.

Bemerkenswert ist der Beginn. Vor Ps. 62, 2 stehen die noch immer in ihrer Bedeutung nicht frei von allen Zweifeln geklärten Buchstaben χμγ, die, einem *nomen sacrum* gleich, überstrichen sind. Die zwei kontroversiellen Bedeutungen lauten Χριστὸν Μαρία γεννᾷ bzw. Χριστέ, μάρτυς γένηται. Da bis heute keine Stelle den ausgeschriebenen Text tradiert, sind wohl beide Möglichkeiten zu beachten[11]. Auf der ersten Seite: *Gott, du bist mein Gott, dich suche ich. Meine Seele dürstet nach dir, mein Leib schmachtet nach dir wie dürres, lechzendes Land ohne Wasser. So schaue ich im Heiligtum nach dir aus, um deine Macht und Herrlichkeit zu sehen.* Auf der Rückseite: *† Rufe ich laut zum Herrn, so erhört er mich von seinem heiligen Berg her. Ich legte mich nieder und schlummerte ein. Ich erwachte wieder, weil der Herr mich hält.* In letzter Konsequenz ist auch dies ein Schutzamulett, das den Gedanken des Schutzes durch Gott stärker in den Vordergrund rückt. Beachtung verdient, wie bereits ausgedrückt, die gleichsam freie Textauswahl und die Einbeziehung der aus den dokumentarischen Texten vertrauten kryptischen Buchstaben χμγ.

Der Schreiber des Amulettes war erfahren mit der Kursive, um deren klare Schrift er sich redlich bemüht. Sanz benennt sie eine „kalligraphierte Kursive".

Psalm 119 und 3

Das Pergament P.Vindob. G 26786[12] (**Katalognummer 17**), auf dem Stellen aus Ps. 119, 155–160 in äußerst ungelenker Schrift stehen, muss man als durchaus wertvolles Material ansehen, auch wenn der Annahme nichts im Wege steht, dass das Blättchen (10,5 × 6,5 cm) nichts weiter als ein Reststück von einem größeren Blatt ist. Dem Schreiber/Besitzer lag wohl einiges an der Beständigkeit des Amulettes. Die Textauswahl folgt keiner Norm, sie ist wohl von persönlichen Interessen bestimmt.

Die Stelle aus Ps. 119, 155–160 lautet: *Den Frevlern bleibt Rettung fern, denn nach deinen Satzungen fragen sie nicht. Vielfältig ist dein Erbarmen, Herr, nach deinen Verordnungen erhalte mein Leben! Zahlreich sind meine Verfolger und Gegner; doch von deinen Weisungen weiche ich nicht ab. Vor Abscheu erfüllt muß ich Abtrünnige sehen, die dein Wort nicht befolgen. Sieh an, wie ich deine Befehle liebe, o Herr! Nach deiner Huld erhalte mein Leben. Die Summe deines Wortes ist Wahrheit und ewig währt jede deiner gerechten Verordnungen. Alleluia.*

Und Ps. 3, 2–4: *Herr, wie zahlreich sind meine Bedränger! Gar viele erheben sich wider mich. Viele sind es, die von mir sagen: „Für den gibt es keine Hilfe bei Gott!" Doch Du, Herr, bist mein Schutz, in Ehre und Erhöhung meines Hauptes.*

Der Schutzgedanke steht hier deutlich im Vordergrund. Die Abwehr von Bedrängern mit Gottes Hilfe nimmt breiten Raum ein.

Als Vorlage diente ihm vermutlich eine kalligraphisch gestaltete Ausgabe der Psalmen. Darauf weisen gewisse Ausstattungsweisen hin: die fakultative Verwendung der Nomina sacra, die Markierung der Versenden mit Doppelstrichen, Punkte (1–3) als Stichos-Endmarke. Das einem Karo ähnliche Schlußornament hat wahrscheinlich in Amuletten ein Vorbild. Übrigens lassen sich die vier ausgemalten Dreiecke auch als die Eckpunkte eines Kreuzes auffassen, das gleichsam getarnt geformt ist. Der private Charakter kommt in einer arg verwilderten Orthographie zu tage. Da unter den Schreibfehlern die Vokale und die Verwechslung von Tenuis gegen Media und Tenuis gegen Aspirata an der Spitze stehen, ist es undenkbar, dass in einer Kirche ein so fehlerhafter Text verwendet wurde; man kann ernstlich in Erwägung ziehen, dass der Text nach Diktat, d. h. wie er gehört wurde, auch geschrieben wurde. Auditive Schreibweisen, durch die itazistische Aussprache begünstigt kann eine solche Anhäufung von Errata produzieren. Dabei ist weiter nicht irritierend, dass vom Schriftbild her und von der Textanordnung ein Vorlageexemplar angenommen werden kann.

Aus fünf Psalmen

Die freie Verwendung von Stellen aus den Psalmen wird hier um einen beachtlichen Anteil im Vergleich zum vorigen erhöht. Aus insgesamt fünf Psalmen sind einzelne Zitate entnommen und auf Papyrus geschrieben[13] (**Katalognummer 18**). Der beachtenswerten Textauswahl steht eine sehr schlechte Orthographie gegenüber. Dabei bleibt es kaum vorstellbar, dass die Abschrift Vorlagen ebensolcher Fehlerhaftigkeit folgte. Nicht weniger kommt eine Niederschrift nach Diktat in Frage, was die große Anzahl von Irrtümern als auditive Schreibweise erklären könnte. Anschaulich wie bei kaum einem anderen Amulett kann man der Struktur folgen. Dieser Lehrgehalt bildet einen der Hauptaspekte des Amulettes.

Der Beginn ist mit dem Staurogramm markiert[14]. Es folgen:

Z. 1–2: Ps. 2, 7: *Es sagte der Herr zu mir: Mein Sohn bist du.* (Κύριος εἶπεν πρός με· υἱός μου εἶ σύ, *ἐγὼ σήμερον γεγεννηκά σε*[15]).

Z. 3–4: Ps. 110, 3: *Siehe, siehe, ich verehre dich* (freie Hinzufügung: ἰδέ, ἰδέ, ποσκυνῶ σε), *mit dir ist der Anfang* (μετὰ σοῦ ἡ ἀρχὴ *ἐν ἡμέρᾳ τῆς δυνάμεώς σου ἐν ταῖς λαμπρότησιν τῶν ἁγίων*).

Z. 5f.: Ps. 87, 2: *Es liebt der Herr die Tore Sions* (ἀγαπᾷ κύριος τὰς πύλας <Σιών>).

Z. 6: Ps. 87, 5: *Mutter Sion, wird der Mensch sagen* (μήτηρ Σιὼν ἐρεῖ ἄνθρωπος, *καὶ ἄνθρωπος ἐγεννήθη ἐν αὐτῇ*).

Z. 7: Ps. 65, 1: *Und dir gebührt Lobpreis* (καί σοὶ πρέπει ὕμνος, *ὁ Θεός, ἐν Σιών*).

Z. 8–10: Anspielungen auf Ps. 80, 4: *frohlocket über ihn* (σαλπίζετε αὐτόν) und Ps. 32, 11 oder 97, 12: *erfreuet euch* (εὐφράνθητε) und Ps. 2, 11 *dienet* (δουλεύατε).

Z. 11f.: Ps. 137, 3: *frohlockend für alle Zeiten* (ὑμνήσατε [in Amuletten häufig:] εἰς πάντας αἰωνας.

Wie bei den meisten Amuletten nimmt der Schutzgedanke den breitesten Raum ein.

Psalm 24[16]

Kurt Treu macht bei der Edition eines Papyruszettels (**Katalognummer 13**) auf eine Verwendung aufmerksam, die weniger dem Amulettcharakter zugeordnet werden kann: In der Gebrauchsschrift des Alltags, in Kursive, ist der Anfang von Ps. 24 flüchtig notiert: *Dem Herrn gehört die Erde und was sie erfüllt, der Erdkreis und die darauf wohnen. Zu drei(mal).* Treu sieht es als einen Beleg für „Sitz im Leben" gerade dieser Psalmstelle, wobei er sich in der Vita des Johannes Chrysostomos auf den Bericht von Georgios von Alexandria[17] bezieht, demzufolge der Patriarch in der Verbannung ständig den Psalm 23 singt. Die etwas kryptische Schlussnotiz ἐκ γ „von drei" sollte wohl sagen, dass der Vers dreimal zu singen ist. Wenn nun in Kursive auf dem Blatt Papyrus (das später für Aufzeichnungen über Weinmengen verwendet wurde) nichts weiter als die markante Psalmstelle steht, gewinnt man den Eindruck, dass dies ein *pro memoria*-Zettel ist, auf dem man das fand, was man sporadisch brauchte. Ein Analogon zeigt der nachfolgende Zettel.

Psalm 92

Noch evidenter trägt ein annähernd gleich großer Papyrusstreifen[18] die Merkmale eines Merkzettels, steht doch in der Blattmitte[19] Vs 13 aus Ps. 92: *Der Gerechte gedeiht wie ein Palmbaum, wie eine Libanonzeder.* In dieser Anfertigung bestens geeignet als Erinnerungszettel. Dass solchen in sich geschlossenen Aussagen die Qualität, die für ein Amulett bestimmend sein kann, vorhanden ist, kann man gut an den beiden letzten Beispielen ablesen und zugleich bemerken, wie Verwendungszwecke vielschichtig und Abgrenzungen gegeneinander kaum begründbar sind. Als Beispiele für „Psalmen im täglichen Gebrauch" scheinen beide letzte „Abfallfragmente" der Betrachtung und Beachtung wert.

Erwähnung von Schutzamuletten in der christlichen Literatur

Literarische Vergleichsstellen zu Schutzamuletten mit Bibelstellen[20] sind recht spärlich; gelegentlich äußern sich Kirchenväter dazu *en passant*, so gibt einen bemerkenswerten Hinweis zu kleinen Bibeln als Schutzamulette Ioannes Chrysostomos in seiner 72. Homilie im Zusammenhang mit der Auslegung einer Matthäus-Stelle (23, 5: *sie machen ihre Gebetsriemen* [φυλακτήρια] *breit und Quasten an ihren Kleidern groß*): *Was sind diese Phylakteria und Quasten? Weil sie dauernd die Wohltaten Gottes vergaßen, befahl er* (d. h. Gott)*, daß sie seine Wundertaten in kleine Bücher schreiben und diese von ihren Hände hängen lassen … Diese nannten sie Phylakteria, wie viele Frauen auch jetzt noch Evangelien um ihren Hals hängen haben*[21].

Auch anderenorts wird auf diese Miniaturausgaben hingewiesen, so etwa von Isidor von Pelusium (4./5. Jh) in Brief 150 an Epimachos in der Auslegung der nämlichen Matthäus-Stelle[22]. In seiner 19. Homilie (Kap. 4) an das Volk von Antiocheia schreibt Ioannes Chrysostomos: *Siehst du nicht, wie die Frauen und Kinder wie einen großen Schutz Evangelien um den Hals hängen und überall, wohin sie auch gehen, diese mit sich herumtragen*[23].

Und tatsächlich haben sich auch solche Miniaturbibeln erhalten, etwa in P.Vindob. G 29831 mit Joh. 1, 5–6 Maße 4,2 × 6,5 cm; (**Katalognummer 14**)[24], oder als Anhänger[25]. Der Ursprung dürfte in den jüdischen Gebietsriemen, den Tefillin, liegen, die von Männer ab dem 13. Lebensjahr am linken Arm und an der Stirn beim Morgengebet angelegt werden und folgende vier Abschnitte enthalten: Ex. 13, 1–10; 13, 11–16; Deut. 6, 4–9; Deut. 11, 13–21[26].

Der Volksglaube hat sich auch mit dem Christentum nicht geändert; der Glaube an Heilsamulette mit magischen Sprüchen und Zeichen hält sich nach wie vor. Der einzige Unterschied besteht darin, dass man nun bei Heilszauber jeglicher Art – und wenn die Kirchenväter dagegen auch noch so sehr polemisierten[27] – biblische Verse heranzieht. Das gilt ebenso für koptische wie griechische Texte. Die große Verbreitung und die hohe Popularität von Amuletten im Volk scheinen Kaiser Konstantin I. dazu veranlasst zu haben, die Verwendung wenigstens insofern zu regeln, dass Amulette generell nicht verboten sind, nur sofern sie sich gegen das Heil eines Menschen wenden bzw. Keusche zu libidinösen Abenteuern verführen. Wenn Amulette hingegen aus gesundheitlichen Gründen oder in der Landwirtschaft verwendet werden, ist dies nicht strafbar, wenn dadurch niemandes Heil und Ruf geschädigt wird[28].

Um aus der Fülle ein paar Beispiele herauszugreifen: So betitelt sich etwa ein Papyrus (P.Oxy. 8.1077) als „heilendes Evangelium (ἰαμαντικὸν εὐαγγέλιον) nach Matthäus"; der Text wurde entsprechend dem Inhalt (Mt. 4, 23–24)[29] generell als Schutzamulett angewandt[30]. Andere Amulette präsentiert sich gar als Cento von Bibelversen[31]; dieses Phänomen ist auch nicht auf die „Übergangszeit" vom Heidentum zum Christentum beschränkt, wie die durchgehende Verwendung derartiger Texte bis in die Neuzeit sehr deutlich beweist. So enthält etwa die Wiener Handschriften Cod. phil. gr. 179 auf f. 106^{v} des 15. Jh. die folgende Formel unter der Überschrift „Vertreibung":

Wenn Du die Kräfte (δυνάμεις) der Psalmen kennenlernen willst und sie bewundern willst, schreib vorne und hinten den (folgenden Psalm) und, wenn du damit fertig bist, schreibe auch dieses (unten abgebildete) Amulett und fünf „Pentalpha"; nimm den darauf geschriebenen Psalm und den Namen, wenn du jemandes benötigst, und wirf ihn auf irgendeinen Dreiweg und du wirst (das Ergebnis) sehen. «Gott, mein Lob ...» (Psalm) 108[32].

Magische Bedeutung der Bibelverse

Die magische Bedeutung bzw. Schutzfunktion der Bibelverse auf „Alltagsgegenständen" bezeugt u. a. eine Passage der Vita des Jüngeren Antonios (785–865): Als sich Antonios nach Konstantinopel zum Kaiser auf den Weg machte, trug er seiner Gefolgschaft auf, ihn als Arzt auszugeben. Von einem Hausherrn wird er gefragt, ob er auch eine 25 Jahre währende Kinderlosigkeit heilen kann. Er beginnt dann seine Heilung in folgender Weise: Zunächst ordnet er an, dass man Pergament herbeischafft. Doch man findet keines; daraufhin lässt er ein Evangelium holen, nimmt die letzten (unbeschriebenen) Blätter heraus, zerschneidet sie und näht sie zusammen, um damit jemanden zu umgürten. Darauf schreibt er die Namen des Alten und Neuen Testaments, der gefälligsten Gerechten und am Ende der Gottesmutter. Der Hausherr und seine Frau haben nun die Bettdecke zu reinigen und sich selbst zu waschen, die Frau hat sich diesen „Ledergürtel" um den Leib zu binden, in dem Bett ihres Herrn zu ruhen und an Gott zu glauben. So geschah es, und die Frau gebar einen Sohn[33].

Ioannes Chrysostomos berichtet passend dazu in seiner 43. Homilie (auf den 1. Korintherbrief), dass man Evangelien (ευαγγέλια; wohl Exzerpte) auch neben dem Bett aufgehängt hat als Schutz vor Dämonen[34].

Hierzu ergänzen unser Bild die archäologischen Zeugnisse; die Aufschrift (oder Gravur) eines Bibelverses auf verschiedensten Gegenständen des täglichen Gebrauches geht immer auch in diese Richtung: Schutz vor dem Bösen.

Buchorakel mit Bibelversen

Schließlich wird im Christentum die Bibel auch für Buchorakel verwendet; indem man sie an einer beliebigen Stelle in schlüssigen Fragen aufschlägt, sollte eine Passage die Lösung ergeben. Das berühmteste Beispiel dieser Art ist aus Augustins *Confessiones* bekannt[35]; gelegentlich finden sich auch in der Literatur Reminiszenzen zu dieser Praxis, so in der Vita der Gründer des nahe bei Trapezunt gelegenen Sumelas-Klosters; beim Tod der Eltern versuchen sie durch ein Buchorakel (des Evangeliums) zu einer Entscheidung zu kommen, was mit dem Vermögen der Eltern zu machen sei; sie gehen in die Kirche, knien vor der Ikone der Gottesmutter nieder und schlagen das Buch „zufällig" bei Markus 10, 17–21 auf[36].

Eine Pariser Handschrift (Cod. Par. gr. 2511, 15. Jh.) gibt eine Traumdeutungsanweisung (nach den Mondtagen) mit folgenden Worten:

Beginn mit der Zahl drei, (zähl hinzu) die Tage, die der Mond hat, wenn Du den Traum siehst, und die Buchstaben des Namens, der das sieht; zähl alles zusammen und nimm davon 8 weg, aus der Restzahl such im Psalter der Zahl entsprechend (den Psalm) und (genau) dieser Psalm wird dir den Sinn des Traumes verdeutlichen[37].

Es verwundert daher auch nicht, dass man Texte zusammengestellt hat, in denen vermerkt wurde, welche Bibelstellen, vorwiegend Psalmverse, für welches Leid geeignet sind. Eine derartige Sammlung hat bereits Euagrios Pontikos (ca. 345–399), in Form eines *Antirrhetikos*, eines „Handbuches" gegen die Dämonen, unter Heranziehung von Bibelstellen verfasst.

Es ist bezeichnend, dass sich diese Texte in volkssprachlich gefärbtem Idiom weit in die Neuzeit gehalten haben und so eine lange Tradition widerspiegeln.

Ein noch unpublizierter Text dieser Art ist in der Wiener Handschrift Cod. hist. gr. 129 auf ff. 12^r–12^v unter folgendem Titel erhalten: *Psalmen, die für jede Art von Handlung nützlich sind.* Demgemäß hilft der 7. Psalm, auf Papier geschrieben, einem „verhexten" Mann bei dem Beischlaf mit seiner Frau. – Der 8. Psalm hilft bei (Prozess)Gegner und Anklagen – Der 9. Psalm, täglich gesprochen, trägt zum Sieg gegen einen Gegner bei. – Der 12. Psalm hilft bei Trübsal, das ein Gegner verursacht, und zur Rettung vor Feinden – Der 19. Psalm bei Problemen mit einem zu süßen Feld (?) – Der 24. Psalm bei Entscheidung und Sieg gegen einen Gegner. – Der 28. Psalm bei einem „üblen Element" (κακόν στοιχεῖον) im Haus. – Der 41. Psalm hilft bei einem Verhexten; er soll den Psalm in seiner Hand tragen und wird geheilt. – Der 144. Psalm wirkt wieder gegen Gegner vor Gericht. – Der 26. Psalm ist ganz besonders nützlich gegen einen Feind.

Codex 1256 der Ἐθνικὴ Βιβλιοθήκη τῆς Ἑλλάδος (16./17. Jh.) tradiert eine Art von Liebeszauber:

Um geliebt zu werden: Schreibe und trage diese (unten angeführten) (Zauber-)Zeichen und den 42. Psalm «Verschaffe mir Recht, Herr, und verhilf meinem Recht ...» in deiner rechten Hand[38]

In dem Athener Codex 241 des Ἱστορικὸν Μουσεῖον τοῦ Νέου Ἑλληνισμοῦς (18. Jh.) finden sich in einer Gruppe magischer Rezepte folgende Anweisungen mit Bezug auf Psalmstellen[39]:

Gegen deinen Feind: Psalm 66: «Gott wird sich unserer erbarmen» u. s. w. Sprich den Psalm über Wasser und schütte das Wasser auf seine Tür. Schreib auch die unten angeführten Buchstaben und trag sie bei Dir: M T T T Z M A N

Zur Vertreibung der Dämonen Psalm 79 (schreibe den Psalm und trag ihn bei Dir)

Bei Bauchschmerzen: Psalm 15

Bei Herz- und Kopfschmerzen: Psalm 146 (schreibe diesen Psalm und trage ihn auf Deinem Kopf, er wird von allem gesund)

Für ein Schiff: Wenn es üble Menschen oder Korsaren (an Bord) hat, Psalm 123; denselben Psalm auch bei stürmischen Wind.

Anmerkungen

1 *Praep. Evang.* 12, 8, 1–3 (*Eusebius Werke, Bd. VIII. Die Praeparatio Evangelica*, hrsg. v. K. Mras, 2. Teil, Berlin ^{2}1956 [Christl. Schriftst. d. erst. Jh.], 97, Z. 1–19).

2 Vgl. A. Bertholet, *Die Macht der Schrift in Glauben und Aberglauben* (Abh. der dt. Akad. Wiss., phil.-hist. Kl., Jg. 1948, Nr. 1), Berlin 1949; Wolfgang Hartung, *Die Magie des Geschriebenen*, in: U. Schaefer (Hrsg.), *Schriftlichkeit im frühen Mittelalter* (ScriptOralia 53), Tübingen 1993, 109–126.

3 *De Lazaro concio* III, *PG* 48, 994, Z. 7–28; vgl. auch seine 33. (32.) Homilie zu Johannes: *PG* 59, 187, Z. 18–27.

4 Vgl. Peter Schäfer, Shaul Shaked (in Zusammenarbeit mit Reimund Leicht, Bill Rebiger und Irina Wandrey), *Magische Texte aus der Kairoer Geniza III*, Tübingen 1999.

5 Vgl. dazu etwa P. Collart, *Psaumes et amulettes*, Aegyptus 14 (1934) 463–467.

6 Nach der Qualifikation der einzelnen Objekte von J. van Haelst, *Catalogue des papyrus littéraires juifs et chrétiens*, Paris 1976, 414 sind für 48 Amulette Textstellen des AT, für 11 des NT gewählt.

7 F. Dornseiff, *Das Alphabet in Mystik und Magie*, Leipzig 1922.

8 K. Wessely, *SPP* XX, 294.

9 P. Vindob. G 29525 + 30465; P. Sanz, *Griechische literarische Papyri christlichen Inhalts* I (MPER NS 4), Wien 1946, Nr. 5.

10 Sanz, *Griechische literarische Papyri* (s. Anm. 9), Nr. 11.

11 Den Forschungsstand faßt Th. Derda, *Some Remarks on the Christian Symbol XMΓ*, JJP 22 (1992) 21–27, zusammen.

12 Erstedition: Sanz, *Griechische literarische Papyri* (s. Anm. 9), Nr. 20.

13 P. Vindob. G 27290a, 4,5 × 9,5 cm, 6. Jh., Erstedition: Sanz, *Griechische literarische Papyri* (s. Anm. 9), Nr. 23.

14 Das Symbol hat seine Wurzel in der verkürzten Schreibung σορς für σταυρός („Kreuz"). Sigma am Anfang und Ende fielen weg, so dass letztlich τ, über das ρ gesetzt ist, übrig blieb (in der Erstedition irrtümlich als Christusmonogramm bezeichnet).

15 Das hier (und in den folgenden Zeilen) kursiv Gedruckte ist ausgelassen.

16 P. Vindob. G 17087, 3 × 16,5 cm, 5. Jh., Erstedition: K. Treu und J. Diethart, *Christliche literarische Papyri christlichen Inhalts* II (MPER XVII 2), Wien 1993, Nr. 2 (6. Jh.).

17 *Subsidia Hagiographica* 60 (1977) 142, 26.

18 P. Vindob. G 43283, 6 × 14,7 cm, 8. Jh.; Erstedition Treu–Diethart, *Literarische Papyri* (s. Anm. 16), Nr. 4.

19 Das Blatt ist der Anfang einer Papyrusrolle, die den arabischen Protokollvermerk, mit dem das Papyrusmaterial für den Verkauf zugelassen wurde, trägt. Solche Rollenanfänge sind mit Vorliebe für private Notizen verwendet worden, hier für eine Namensliste.

20 Vgl. hierzu auch Cl. Rapp, *Christians and their Manuscripts in the Greek East in the Forth Century*, in: *Scritture, libri e testi nelle aree pro-*

vinciali di Bisanzio. Atti del seminario di Erice (18–25 settembre 1988), a cura di G. Cavallo, G. de Gregorio e M. Maniaci, Vol. 1, Spoleto 1991, 146–147.

21 *PG* 58, 669, Z. 28–34.

22 *PG* 78, 604.

23 *PG* 49, 196, Z. 37–40.

24 Vgl. dazu E. G. Turner, *The Typology of the Early Codex*, Philadelphia 1977, 25–30.

25 Vgl. dazu auch M. Corsten, *Die buchförmigen Anhänger des frühen Mittelalters. Ein Beitrag zur Amulettforschung*, Fornvännen 86 (1991) 183–189. Mit 6 Abb.

26 Vgl. Rapp, *Christians* (s. Anm. 20), 146; H. F. Stander, *Amulets and church fathers*, Ekklesiastikos Pharos N.S. 4, 75/2 (1993) 56–57; s. auch Ioannes Chrysostomos, *Hom*. 54 (53) auf Johannes (*PG* 59, 296, Z. 33–34).

27 Vgl. dazu etwa Ioannes Chrysostomos, *In ep. ad Coloss., Hom.* VIII, 5 (*PG* 62, 358, Z. 4–8): *Auch wenn sich diejenigen, die aus Amuletten Gewinn machen, unzählige Gründe ergrübeln, indem sie sagen, daß sie Gott dabei nennen und nichts mehr machen etc. etc., und selbst wenn die Alte eine Christin und gläubig ist, die Sache bleibt ein Götzendienst*; vgl. dazu auch F. Eckstein, J. H. Waszink, *Amulett*, in: Reallexikon für Antike und Christentum 1, Stuttgart 1950, 407–410; N. Brox, *Magie und Aberglaube an den Anfängen des Christentums*, Trierer theol. Zeitschr. 83 (1974) 157–180; Stander, *Amulets* (s. Anm. 26), 55–66.

28 *Codex Iustinianus* IX 18, 4.

29 Zur Beliebtheit dieser Passage in magischen Texten siehe auch das folgende Zitat und M. Meyer, R. Smith, *Ancient Christian Magic. Coptic Texts of Ritual Power*, Princeton 1999, 33–34.

30 *Papyri Graecae Magicae. Die griechischen Zauberpapyri*, hsg. und übers. v. K. Preisendanz, unt. Mitarb. v. E. Diehl, S. Eitrem, A. Jacoby, Bd. II, Leipzig–Berlin 1931, 191 (P4); vgl. dazu auch Meyer, Smith, *Magic* (s. Anm. 29), 33.

31 C. Wessely, *Les plus anciens monuments du Christianisme écrits sur papyrus*, Paris 1924, Bd. 2, 412–413; vgl. dazu auch Meyer, Smith, Magic (s. Anm. 31), 34–35; Preisendanz, *Papyri Graecae Magicae* (s. Anm. 30), 207–208.

32 A. Delatte, *Ancedota Atheniensia*. Tome I: *Textes grecs inédits relatifs à l'histoire des religions* (Bibliothèque de la Faculté de Philosophique et Lettres de l'Université de Liége, Fasc. 36), Liége-Paris 1927, 639, Z. 15–20.

33 A. Papadopoulos-Kerameus, *Συλλογὴ παλαιστινῆς καὶ συριακῆς ἁγιολογίας, Pravoslavnnij Palestinskij Sbornik* 19, 3 (St. Petersburg 1907), 195–196 (Kap. 13).

34 *PG* 61, 373, Z. 1–5.

35 Augustinus, *Conf.* VIII 12, 29.

36 O. Lampsides, *Ἡ διὰ τοῦ βιβλίου τοῦ εὐαγγελίου μαντική*, Λαογραφία 33 (1982–1984; erschienen 1985) 439–440.

37 Delatte, *Anecdota* (s. Anm. 32), 526, Z. 13–18.

38 Delatte, *Anecdota* (s. Anm. 32), 85, Z. 1–4.

39 Delatte, *Anecdota* (s. Anm. 32), 137, Z. 1–23.

Abb. Seite 44/45:
Blick auf das Katharinenkloster

Sven Lichtenecker, M. A.

Das Katharinenkloster auf dem Sinai
Geschichte – Kunst – Gottesdienst

1.0 Einführung

Das Katharinenkloster befindet sich im Süden der Sinaihalbinsel am Fuße des Dschebel Musa, der in der christlichen Tradition als jener Berg gilt, an dem Gott sich dem Mose im brennenden Dornbusch selbst offenbarte und diesem die Gesetze übergab.

Zusammen mit wenigen Beduinenfamilien im Umkreis bildet das Kloster die kleinste autonome orthodoxe Kirche der Welt unter der Leitung eines Erzbischofs. Die Kirche ist dem Patriarchat von Jerusalem unterstellt.

Trotz oder gerade wegen seiner Abgeschiedenheit verfügt das Katharinenkloster über erhebliche Kunstschätze in Form von Mosaiken, Fresken, Manuskripten, Ikonen und auch liturgischen Gegenständen, die es zum Anziehungspunkt von 50000 Besuchern jährlich machen.

2.0 Geschichte des Katharinenklosters

2.1 Religiosität auf dem Sinai in vorchristlicher Zeit

Spuren menschlicher Besiedlung der Sinai-Halbinsel reichen bis 35000 Jahre in die Vergangenheit zurück. Zwischen ca. 4500 und 3500 v.Chr.[1] bestand im Zentralsinai die so genannte Elat-Kultur, die von Halbnomaden, Hirten und Feuersteinbearbeitern getragen wurde. Um 3500 v.Chr. entwickelte sich auf der zu diesem Zeitpunkt verhältnismäßig dicht besiedelten Halbinsel die Timna-Kultur, die eine eigene Feuersteinindustrie, Keramik, Metallurgie und Architektur hervorgebracht hat. Allerdings behielten die Menschen trotzdem ihre halbnomadische Lebensweise bei. Im für den Kupferabbau wichtigen Timna-Tal am Ostrand der Sinai-Halbinsel wurden oben auf den Klippen in die Oberfläche der Felsen eingeschlagene oder -gebohrte kreisrunde Löcher (die so genannten ‚cups') gefunden, die in einen Zusammenhang mit einem Opferkult gestellt werden und somit neben vorhandenen Gräbern älteste Zeugnisse von Religiosität auf der Halbinsel darstellen.[2]

In historischer Zeit sind auf der Sinaihalbinsel Überreste von Heiligtümern der ägyptischen Göttin Hathor belegt. Hathor galt unter anderem als Schutzherrin des Bergbaus und auch als Herrin der Türkise. Da altägyptische Expeditionen die Sinaihalbinsel regelmäßig aufsuchten, um in den Minen Kupfer und darüber hinaus Türkise abzubauen, wurde diese Göttin deshalb hier in besonderem Maße verehrt. Besonders spektakulär sind die Überreste des Hathor-Tempels in Sarâbît el-Khadem nordwestlich des Katharinenklosters im Kerngebiet der Türkisgewinnung. Das Sanktuarium des Tempels lag in einer künstlich geschaffenen Höhle. Der Kultort wurde vom 20. bis zum 12. Jh. v.Chr. während annähernd 850 Jahren ununterbrochen benutzt, was durch Inschriften belegt ist.[3] In dieser Zeit wurde der Tempel auch mehrfach ausgebaut und erweitert.[4]

Am Ostrand der Sinaihalbinsel im Grenzgebiet zum Negev lag nördlich von Elath am Roten Meer das Timna-Gebiet, in dem die Ägypter hauptsächlich Kupferabbau betrieben. Auch hier wurden unterhalb der so genannten ‚Pfeiler Salomos', eines Felsabhangs, Überreste eines allerdings sehr viel kleineren Hathor-Heiligtums gefunden. Dieses wurde im 13. Jh. v.Chr. unter Pharaonen der 19. Dynastie errichtet, wurde aber maximal bis zur Mitte des 12. Jhs. benutzt. Danach nahmen Midianiter[5] die Überreste in Besitz und errichteten an der Stelle und unter Einbeziehung der Überreste des früheren Hathortempels ein Zeltheiligtum. Die Rekonstruktion dieses Zeltheiligtums auf der Basis der Ausgrabungen weist erstaunliche Parallelen zur Beschreibung der so genannten Stiftshütte in Ex 26 auf.[6] Neben diesem midianitischen Heiligtum wurden auf der Sinaihalbinsel auch Überreste amalekitischer[7] Höhenheiligtümer gefunden.[8]

Überreste jüdischer Religiosität sind auf dem Sinai nicht belegt. Trotz der erheblichen Bedeutung, die in der jüdischen Tradition der Selbstoffenbarung Gottes im brennenden Dornbusch und noch mehr der Übergabe des Gesetzes an Mose am Berg Horeb beigemessen wird, hat der genaue Ort, an dem dieses Ereignis stattgefunden haben soll, innerhalb des Judentums keine Rolle gespielt. Dementsprechend hat weder der Sinai noch der später für die christliche Pilgerfahrt wichtige Dschebel Musa jemals als jüdische Wallfahrtsstätte gedient.[9]

Aus griechisch-römischer Zeit gibt es Überreste von Siedlungen, die aber vor allem wirtschaftlichen Zwecken, nämlich zur Ausbeutung der Bodenschätze des Landes, dienten. Bedeutendere Heiligtümer sind aus dieser Zeit nicht bekannt.

2.2 Die heilige Katharina von Alexandria als Namensgeberin des Klosters

Die Historizität der heiligen Katharina von Alexandria ist nicht gesichert. Da sie jedoch zu den vierzehn Nothelfern zählt, wurde sie vor allem in der Spätantike und im Mittelalter im katholischen und orthodoxen Christentum hoch verehrt und war sehr beliebt.

Die Legende, die in verschiedenen Versionen vorliegt, berichtet, dass Katharina ihr Martyrium unter dem römischen Kaiser Maximianus (reg. 286–305) oder seinem Sohn Maxentius (reg. 306–12) erlitten habe. Danach entstammte sie einer königlichen Familie, war schön, jung, jungfräulich und hoch gebildet. Sie versuchte in einem Streitgespräch, den Kaiser von einem Übertritt zum Christentum zu überzeugen. Dieser bot für den Disput fünfzig Gelehrte auf, um die Argumente Katharinas zu widerlegen, die aber alle unterlagen und deshalb zum Christentum konvertierten. Der Kaiser ließ die Gelehrten daraufhin hinrichten und Katharina in den Kerker werfen und foltern. Schließlich beschloss er, Katharina ebenfalls hinrichten zu lassen. Er wollte sie auf einem brennenden und mit Messern versehenen Rad töten lassen. Doch auf Grund eines Wunders wurde Katharina gerettet und das Rad zerstört. Daraufhin ließ ihr der Kaiser die Brüste abreißen und sie enthaupten. Aus den Wunden des Leichnams floss aber Milch statt Blut. Der Leib wurde nach der Hinrichtung von Engeln auf den Berg Sinai entrückt.[10]

Wie schon gesagt, ist die Historizität Katharinas nicht belegt. Die Überreste des auf den Berg Sinai entrückten Leichnams sollen etwa 500 Jahre nach dem Tod der Heiligen von Mönchen des Katharinenklosters entdeckt worden sein. Die Gebeine, die zum Teil auch heute noch im Kloster aufbewahrt werden, wurden in die Kloster-Basilika überführt.

Die Legende der Heiligen Katharina weist viele Bezüge zu paganen Gottheiten[11] und auch zum Leben der paganen alexandrinischen Philosophin Hypatia auf, die von einem christlichen Mob im Jahre 415 grausam zu Tode geschleift und anschließend verbrannt wurde. So galt Hypatia sogar in den Werken zeitgenössischer und auch späterer christlicher Autoren – ein Beispiel hierfür ist die auch gegenüber der paganen Welt um Objektivität in der Darstellung bemühte ‚Kirchengeschichte' des Socrates Scholasticus (ca. 380– nach 439) – als schön, gebildet, intelligent, tugendhaft und jungfräulich bis in den Tod. Es ist also möglich, dass es sich bei der Katharinen-Legende um eine christliche Umdeutung des Hypatia-Stoffes handelt.[12]

2.3 Exkurs: Hathor und die Namenswidmung des Klosters

Religionshistorisch lassen sich im Wesentlichen zwei Verhaltensweisen einer in eine Region neu eindringenden und dominant werdenden Religion gegenüber Kultorten der vorher etablierten Religion(en) beobachten: einerseits die totale Zerstörung und Vernichtung, ja sogar die Tilgung des Andenkens an diesen Ort, andererseits die Beibehaltung und Umwidmung des Kultplatzes im Rahmen der neuen Religion. Im zweiten Fall wird häufig nicht nur der Ort, manchmal sogar ein bereits existentes Gebäude, weiter genutzt, sondern es werden oftmals auch vorhandene (mythologische/theologische) Topoi des alten Kultes auf den neuen übertragen und mit diesem verbunden. Solche Beibehaltungen alter Kultorte und –traditionen im Rahmen einer anderen Religion werden als Kultortkontinuität bezeichnet. Mircea Eliade, ein Religionsphänomenologe des 20. Jhs., schreibt zu dem Phänomen der Kultortkontinuität: „In Wahrheit beweist die Kontinuität heiliger Orte die Autonomie der Hierophanien (Erscheinungen des Heiligen, Anm. d. Autors); das Sakrale manifestiert sich nach den Gesetzen seiner eigenen Dialektik, und diese Manifestation tritt dem Menschen von außen entgegen. Anzunehmen, dass es dem Menschen überlassen sei, sakrale Orte ‚auszuwählen', heißt nichts anderes als die Kontinuität solcher Orte unerklärbar zu machen."[13]

Auf der Sinai-Halbinsel hatte sich – wie bereits dargestellt – in vorchristlicher Zeit ein Kult der ägyptischen Göttin Hathor etabliert. Die Bedeutung der Hathor innerhalb der ägyptischen Religion war während der langen Religionsgeschichte des Landes immer wieder Veränderungen unterworfen. Dennoch lassen sich einige Grundkonstanten kurz darstellen. Hathor war die Göttin der Fremdländer. Deshalb wurde sie nicht nur in Ägypten und auf dem Sinai, sondern auch außerhalb des Landes, z. B. im syro-kanaanäischen Bereich, wo sie unter anderem mit der Göttin Astarte gleichgesetzt wurde, hoch verehrt.[14] Selbst den Griechen galt sie als beliebte und verehrungswürdige Gottheit. Als Göttin der Fremdländer war sie aber auch Beschützerin jener Produkte, die in diesen Ländern gewonnen und nach Ägypten eingeführt wurden. Durch diese Funktion war sie damit automatisch Schutzgöttin des Bergbaus, Herrin der Türkise und geographisch für den Sinai-Bereich ‚zuständig'. Neben ihrer Aufgabe als Herrin der Fremdländer war Hathor auch Himmelsgöttin. Sie galt als die personifizierte Milchstraße, als der Nil des Himmels. Hierin liegt bereits schon eine Überleitung in ihre nächste Funktion, nämlich als Mutter-, ja sogar Mutterschafts- und bedingt Fruchtbarkeitsgottheit. Sie wurde häufig in Gestalt einer Kuh dargestellt, was ihren den Menschen Nahrung schenkenden Charakter (die Kuh als Milchspenderin) illustrieren sollte. Außerdem galt sie in manchen Traditionen als Mutter des Gottes Horus. Ihr Name bedeutet ‚Haus des Hor[us]', was sich einerseits darauf beziehen kann, dass der Falke, als der Horus häufig dargestellt wird, im Himmel, dem Bereich der Göttin, fliegt. Andererseits ist ‚Haus' auch eine Metapher für den Mutterschoß. Hathor war damit also auch Gottesgebärerin und wurde in der Rolle als Mutter des Horus mit Isis gleichgesetzt.[15]

Isis wiederum war in der römischen Kaiserzeit eine Göttin, die im Rahmen eines Mysterienkultes hoch verehrt wurde. In allen größeren urbanen Zentren des Reiches gab es Tempel, die ihr geweiht waren. Darstellungen der Isis mit dem Horus-Knaben, ihrem Sohn, auf dem Schoß waren weit verbreitet. Trotz der Tatsache, dass Isis als Gebärerin eines Sohnes galt, legt ein Hymnus ihr folgende Worte in den Mund: „Ich bin Isis, ich wache! Ich bin die Mutter des Horus, ich bin die Schwester des Osiris, ich bin die Zauberkräftige, ich bin die große Jungfrau."[16] Die oben erwähnten Darstellungen der Isis mit dem Horus-Knaben dienten als Vorbild für die christlichen Bilder der Maria mit dem Jesuskind auf dem Schoß. Hans Kloft schreibt in seinem Buch ‚Mysterienkulte der Antike', dass es sich hierbei allerdings nicht um eine einfache Kopie eines Bildtypus handelt, „...sondern um die Anverwandlung und Umsetzung menschlicher Urbilder und theologischer Überzeugungen, die sich über Jahrhunderte an der Gestalt der Isis festgemacht hatten: die Mutter als Thron Gottes; das göttliche Kind, das aus ihrem Schoß stammt; die Ernährerin und Beschützerin, die ihre mütterlichen Gaben all denen zuteil werden läßt, die ihre Kinder sein wollen."[17]

Überhaupt lassen sich zwischen Hathor/Isis und Maria eine ganze Reihe von Gemeinsamkeiten feststellen:

- beide gelten als jungfräuliche Gottesgebärerinnen, ein Titel (griech. Theotokos, lat. Dei genetrix), den Maria offiziell auf dem Konzil von Ephesos im Jahre 431 verliehen bekam
- beide gelten als Himmelsköniginnen
- beide erfüllen auch eine Funktion als Mutter der Glaubenden.

Marion Giebel folgert deshalb in ihrem Werk ‚Das Geheimnis der Mysterien': „Doch was mit Isis in die Welt gekommen war, sollte nie mehr daraus verschwinden. Als im Verlauf der Diskussion über die gottmenschliche Natur Jesu Christi dessen Mutter als Theotokos ... ins Blickfeld trat, waren es gerade die ägyptischen Theologen, ... , die auf dem Konzil von Ephesos i.J. 431 die Rolle der heiligen Jungfrau und Gottesmutter Maria dogmatisch festlegten. Als Himmelskönigin mit Krone und Szepter, den Mond zu Füßen, ziert sie bis heute Kirche und Plätze der christlichen Welt."[18]

Es bestehen aber auch Gemeinsamkeiten zwischen Hathor und der Heiligen Katharina von Alexandria: Hathor, die kuhgestaltige Göttin, galt als Milchspenderin, aus den Wunden Katharinas soll während des Martyriums Milch anstatt Blut geflossen sein. Außerdem war Hathor Göttin der Schönheit, des Tanzes und der Musik, während Katharina in der Legende als gebildete, schöne junge Frau geschildert wird. Schließlich stammen beide aus Ägypten.

Die Parallelen der theologisch-mythologischen Topoi zwischen Hathor/Isis und Maria/Katharina sind also evident. Zieht man nun noch die gemessen an der Weite des Landes und seiner spärlichen Besiedlung relative geographische Nähe zwischen dem Katharinenkloster, welches bis in das 10. oder sogar 11. Jh. der Maria als Theotokos geweiht war, und dem Hauptheiligtum der Hathor von Sarâbît el-Khadem nordwestlich des Dschebel Musa in betracht, so ist davon auszugehen, dass die Namenswidmung des Klosters als eine unbewusste – oder im Sinne einer christlichen Neuinterpretation vorhandener religiöser Traditionen auch bewusste – Reminiszenz an die uralte Hathor- und damit Muttergottheits-Verehrung auf dem Sinai ist. Es ist also davon auszugehen, dass es sich hierbei um eine Kultortkontinuität handelt, wobei der Begriff in diesem Falle nicht so sehr lokal als vielmehr regional verstanden werden sollte.

Solche Übernahmen paganer Kulttraditionen und -orte in christliche Zusammenhänge sind häufig belegt. Als eine religionshistorische Parallele unter vielen kann hier auf die Marienverehrung in Ephesos verwiesen werden. Auch diese ist, analog zur Beziehung Marias zu Isis bzw. Hathor, eine Reminiszenz an den sehr viel älteren Artemis- und damit Muttergottheitskult im westlichen Kleinasien. Weiterhin muss der nachweisliche Bau christlicher Kirchen anstelle alter paganer Heiligtümer, der nicht auf die Antike alleine beschränkt bleibt, sondern sich auch während der Mission z. B. in Amerika fortsetzt, als Kultortkontinuität verstanden werden.[19] Letztlich ist dies aber nicht nur ein christliches Phänomen: Beispiele aus anderen Religionen sind unter anderem die muslimische Umwidmung der Ka'aba in Mekka und der Hagia Sophia in Konstantinopel/Istanbul, aber auch die wechselvolle Geschichte des Tempelberges in Jerusalem, der im Judentum stets heiliger Ort bleibt und für Christen und Muslime im Laufe der Geschichte dazu wird, obwohl mehrfach die dominante Religion wechselt.

2.4 Die ersten christlichen Eremiten

Der genaue Zeitpunkt des Eintreffens der ersten Christen auf dem Sinai ist unbekannt. Der Einsiedler Antonius der Große, der 251 in Kome in Mittelägypten geboren wurde, sammelte jedoch zu Beginn des 4. Jhs. Schüler um sich und gründete Einsiedlerkolonien auf der Halbinsel. Einsiedeleien fanden sich vor allem in der Oase Pharan, die an der Wende vom 4. zum 5. Jh. sogar Bischofssitz wurde, und im Südwestsinai bei Raithu.[20]

Auch an der Stelle des Katharinenklosters wurden schon früh Einsiedeleien gegründet. Die Eremiten verehrten unter anderem den Dornbusch, der als jener brennende galt, in dem Gott sich dem Mose offenbarte. Das früheste greifbare Zeugnis dieser Einsiedelei ist das Reisetagebuch ‚Peregrinatio' der Etheria, einer Nonne oder vermutlich sogar Klostervorsteherin aus dem Westen, möglicherweise Spanien. Es beschreibt, wie Etheria im späten 4. Jh., möglicherweise zwischen 393–96, den Ostmittelmeerraum bereist und die dort befindlichen christlichen Wallfahrtsstätten aufsucht. Für den Ort des Katharinenklosters spricht sie von Klausen heiliger Männer und einer Kirche an der Stelle des Dornbuschs.[21]

Etherias Tagebuch ist aber nicht nur ein Beleg für die Besiedlung des Ortes durch christliche Eremiten in dieser Zeit, sondern auch für die – sich zumindest abzeichnende oder bereits vollzogene – christliche Festlegung auf den Dschebel Musa als Ort der Selbstoffenbarung Gottes gegenüber Mose[22] und die sich entwickelnde Wallfahrtspraxis zum Dornbusch.

Nach einigen Quellen soll bereits Kaiserin Helena (reg. 248/50–330), die Mutter Kaiser Konstantins (reg. 306–37), die Eremiten am Dschebel Musa besucht haben, doch ist dies nicht unumstritten.[23] Angeblich hat sie auch Geld für den Bau einer klosterähnlichen Anlage am Dschebel Musa und der Kapelle in der Nähe des Dornbuschs, die Maria geweiht wurde, gestiftet.[24]

2.5 Das Katharinenkloster

Im 5. und frühen 6. Jh. lebten an der Stelle des heutigen Katharinenklosters vermutlich nur einzelne Eremiten, die als gemeinsamen Mittelpunkt eine Marienkapelle auf dem Dschebel Musa besaßen. Auf Grund der Bedrohung durch nomadische Araber wandten sich diese an den byzantinischen Kaiser Justinian (reg. 527–65) mit der Bitte, ein Kloster zu errichten. Justinian kam dieser Bitte gerne nach, zumal sie seinem Interesse entsprach, entlang der Ostgrenze seines Reiches eine Kette von Festungen gegen das neupersische Großreich der Sasaniden (224–651 n.Chr.) im Norden und zur Überwachung der Wanderung der Araber nach Palästina im Süden zu errichten. Dementsprechend wurden am Dschebel Musa nicht nur einfache Klostergebäude, sondern eine komplette Befestigungsanlage auf Befehl des Kaisers errichtet, die der Muttergottes geweiht wurde.[25] Möglicherweise beabsichtigte Justini-

Abb. 1: Blick auf das Katharinenkloster von Nordosten. Hinter der nordöstlichen Mauer der justinianischen Befestigung mit dem Kléber-Turm aus der Zeit des napoleonischen Ägyptenfeldzuges in der Mitte ist das Giebeldach der Kirche mit dem Campanile und rechts daneben das Minarett der Moschee zu sehen. Im Hintergrund liegen die Wohn- und Wirtschaftsgebäude, rechts außerhalb der Mauer der Garten des Klosters.

an mit der Gründung auch, die verstreuten Eremitagen in eine nach Regeln lebende Mönchsgemeinschaft zu überführen.[26] Weiterhin waren die Kirche und das Kloster außerdem als Pilgerzentrum gedacht.

Die Weihe der Anlage für Maria als Theotokos, als „Gottesmutter des Brennenden Dornbuschs", blieb auch unter Justinian bestehen. Dieser marianische Titel fand auch deshalb für die Weihe Verwendung, weil ein lokaler Bezug zum brennenden Dornbusch in Ex 3,2, der sich nach christlicher Legende auf dem Gelände des Klosters befand, hergestellt werden konnte: Maria – wie auch der Dornbusch – nahm Gott in sich auf, ohne dabei von diesem zerstört zu werden. Der brennende Dornbusch wurde deshalb „in patristischen Kommentaren wie auch im byzantinischen Kunstschaffen zum ‚Vor-Bild' (Typos) für die Empfängnis und Geburt"[27] Jesu.[28]

Ca. 640 eroberten muslimische Truppen die Sinaihalbinsel, weshalb das Kloster in der Folgezeit den Kontakt zur byzantinischen Hauptstadt Konstantinopel verlor, was sich vor allem auf das künstlerische Schaffen im Kloster auswirkte. Allerdings gestaltete sich die Invasion für das Katharinenkloster insofern positiv, als die Stadt Pharan und das dortige Episkopat zunehmend verfielen, weshalb das Sinaikloster im 9. Jh. (bezeugt seit 869) zum Bischofssitz erhoben wurde.[29] Die autonome sinaitische Kirche wurde dem Patriarchen von Jerusalem unterstellt, ein Zustand, der bis heute andauert.[30]

Im Allgemeinen war die Existenz des Klosters unter muslimischer Herrschaft nicht bedroht. Eine Ausnahme hiervon bildete die Regierungszeit des ägyptischen Fatimiden-Herrschers al-Hākim (reg. 996–1021). Nach einer Legende hatte Muhammad selbst das Kloster auf dem Sinai besucht und den Mönchen den Schutz ihres Lebens und Eigentums zugesagt.[31] Der Fatimidenkalif al-Hāfiz (reg. 1132–49) erließ einen Firman, in welchem den Mönchen der Schutz des Eigentums, das Recht auf Ausübung ihres Glaubens, die Versorgung mit Lebensmitteln, der ungestörte Zustrom der Pilger, die Unantastbarkeit der Kultgebäude, die Befreiung von der Kopfsteuer und anderen Abgaben sowie die Freistellung vom Militärdienst zugesichert wurde. Angeblich soll auch der osmanische Sultan Selim I. (reg. 1512–20) im Jahre 1517 einen ähnlichen Schutzbrief ausgestellt haben.[32]

Das gute Verhältnis des Klosters zu den Muslimen drückte sich auch darin aus, dass im Jahre 1103 ein ursprüngliches Gästehaus in der Nähe des Haupteingangs der Klosteranlage in eine Moschee umgebaut wurde.[33] Stifter des Baus war nach einer Inschrift aus dem Jahre 1106 auf der Minbar, der Kanzel, von der aus der Imam während des Freitagsgebetes seine Predigt hält, der Kanzler des Fatimidenreiches, Sâhan Sâh al-'Afdal.[34] An der nordöstlichen Ecke der Moschee wurde 1381 ein Minarett errichtet.[35]

In der Folge der Kreuzzüge nahm das Pilgerwesen aus katholischen Ländern deutlich zu. Einer der Wallfahrer war der deutsche Magister Thietmar, der das Kloster im Jahre 1216 besuchte und in seinem Reisebericht vermerkte, dass zu diesem Zeitpunkt der Dornbusch nicht mehr existierte, sondern als Reliquie in der ganzen Christenheit verteilt und an seiner Stelle eine Kapelle errichtet worden sei.[36]

Insgesamt nahm in dieser Zeit der Einfluss des westlichen Christentums auf das Kloster deutlich zu. So wurde es dem weströmischen Patriarchat von Jerusalem angegliedert (die autokephale Kirche des Sinai hatte nicht an dem Schisma von 1054 teilgenommen[37]). Papst Honorius III. (reg. 1216–27) bestätigte in einer Bulle aus dem Jahre 1218 Besitz und Rechte des Klosters und gewährte päpstlichen Schutz.[38] Im 13. Jh. ließen sich auch westliche Mönche im Kloster nieder und bauten sogar eine eigene Kapelle, die ‚St. Katharina der Franken' geweiht war.[39] Allerdings war es schon zuvor nicht ungewöhnlich gewesen, dass sich auch nichtgriechische Mönche im Kloster ansiedelten, wie ein Beispiel aus dem 10. Jh. zeigt, als georgische Mönche hier heimisch wurden.

Vermutlich im 10. Jh. wurden die Reliquien der heiligen Katharina von einer kleinen Kapelle auf dem Dschebel Katharina ins Kloster überführt und dieses im 10. oder 11. Jh. dann der Heiligen geweiht. Allerdings wurde in der oben erwähnten Bulle Honorius III. von 1218 das Kloster noch als ‚St. Maria am Sinai' bezeichnet. Erst unter dem Pontifikat Papst Johannnes XXII. (reg. 1316–34) wurde das Kloster dann zum ersten Mal offiziell in einem Dokument der Westkirche ‚Katharinenkloster' genannt.[40]

Vom Ende der Kreuzzugsperiode bis zur osmanischen Eroberung Konstantinopels im Jahre 1453 nahm auch wieder der byzantinische Einfluss auf das künstlerische Schaffen im Kloster zu. Nach der endgültigen Vernichtung des Byzantinischen Reiches wirkte dieser Einfluss durch Künstler aus allen Teilen des byzantinischen Kulturraums, vor allem aber von der Insel Kreta aus, nach.[41]

In den folgenden Jahrhunderten betrachtete sich das orthodoxe Russland zunehmend als das dritte Rom, legitimen Erben des Byzantinischen Reiches und damit Schutzmacht des orthodoxen Christentums unter islamischer Herrschaft. Dementsprechend nahmen russische Schenkungen von liturgischen Gegenständen und Kunstwerken an das Katharinenkloster zu. Auch der Campanile der Basilika wurde im 19. Jh. von Russland gestiftet.[42] Schließlich wurde die religionshistorisch bedeutendste Entdeckung innerhalb des Katharinenklosters ebenfalls im Auftrag des russischen Zaren Alexander II. (reg. 1855–81) gemacht: Die Auffindung des aus dem vierten nachchristlichen Jahrhundert stammenden Codex Sinaiticus in der Klosterbibliothek durch Konstantin von Tischendorf im Jahre 1859.[43]

3.0 Das Kloster

3.1 Die Klosteranlage

Kaiser Justinian ließ im sechsten Jahrhundert das Kloster am Fuß des Dschebel Musa an jener Stelle errichten, an dem ein Dornbusch stand, der mit jenem brennenden gleichgesetzt wurde, in dem Gott sich dem Mose offenbarte (Ex 3). Diese Stelle bot zwei Vorteile: Erstens konnte der heilige Ort, Ziel zahlreicher Pilger, in die Befestigungsanlagen einbezogen werden und zweitens war die Wasserversorgung innerhalb der Anlage auch bei Belagerungen gewährleistet, da in der Nähe des Dornbuschs die einzige Quelle weit und breit lag.

Andererseits stellte der Ort den Baumeister vor erhebliche Probleme, denn im Talgrund – und der Dornbusch stand nur wenig darüber – kam es gelegentlich zu heftigen Überschwemmungen, welche die ganze Anlage bedroht hätten. Aus diesem Grund musste die Festung so weit wie möglich den Hang hinaufgezogen werden, wobei die Stelle des Dornbuschs aber immer noch innerhalb der Anlage liegen sollte.

Aus diesem Grund bildet die Klosteranlage ein nicht ganz regelmäßiges Viereck von 85x76 Metern, wobei die vier Ecken ziemlich exakt nach Norden, Süden, Osten und Westen weisen. Die Kirche, die zum Teil um den Dornbusch herum errichtet wurde, liegt nicht im Zentrum, wie bei einem so bedeutsamen Heiligtum zu erwarten gewesen wäre, sondern im nordöstlichen Bereich an der tiefsten Stelle der Anlage. Die bereits erwähnte Moschee, ein umgebautes ehemaliges Gästehaus, befindet sich westlich des Haupteingangs der Kirche in unmittelbarer Nähe zum Klostertor.[44]

Der Zugang zum Kloster liegt in der nordwestlichen Wehrmauer, die, wie die gesamte Verteidigungsanlage ursprünglich auf die Zeit Justinians zurückgeht, aber mehrfach ausgebessert werden musste, zuletzt in der napoleonischen Zeit durch Marschall Kléber. Der Raum innerhalb der Außenmauern ist im Laufe der Jahrhunderte komplett mit allen möglichen Gebäuden, die für den Betrieb eines Klosters unabdingbar sind, verbaut worden: Wohn- und Empfangsräume der Mönche, Wirtschaftsräume, die Küche und Bäckerei, Gästehäuser, Unterkünfte des Dienstpersonals, ein Refektorium und diverse andere Gebäude.

3.2 Die Basilika

Die Basilika liegt etwa vier Meter unter dem Bodenniveau des Klosterportals und des von dort zur Kirche leitenden Gangs. Deshalb befindet sich vor dem Haupteingang des Gotteshauses eine Treppe. Der Grund für diese Vertiefung liegt darin, dass die Kirche ursprünglich den Dornbusch umschloss, der die tiefste Stelle der Klosteranlage bildete, weshalb ihr Bodenniveau insgesamt abgesenkt werden musste. Um die Basilika für den Betrachter höher und damit imposanter erscheinen zu lassen, wurde an der Westfassade, auf die man von der Klosterpforte her zuschritt, ein hoher Giebel errichtet, der das eigentliche Dach überragt.[45]

Die Kirche stammt ebenso wie die Verteidigungsmauern der gesamten Anlage aus dem 6. Jh. und wurde auch von Justinian errichtet. Auf Grund von Inschriften in Trägern des hölzernen Dachstuhls kann der Zeitraum der Errichtung ziemlich exakt auf die Jahre nach 548 und vor 565 begrenzt werden. Auch der Baumeister, Stephanos von Aila (dem heutigen Akaba), wird in einer der Inschriften erwähnt, was für die damalige Zeit ungewöhnlich ist.[46]

Das wesentliche Baumaterial der Kirche ist Granit, der einzige Baustoff, der auf dem Sinai weit und breit vorkommt. Für dekorative Elemente, wie z. B. die Kapitelle der Säulen, ließ Justinian allerdings auch Marmor aus den kaiserlichen Steinbrüchen bringen. Der Dachstuhl besteht aus Holz, das Dach war ursprünglich mit Blei gedeckt. Doch wurde diese Bedeckung durch Eisen mit einem nichtrostenden Überzug ersetzt. Zwischen den Trägern des Dachstuhls wurden im 18. Jh. Holzpaneelen eingefügt, sodass dieser heute vom Kircheninnenraum aus nicht mehr zu sehen ist.[47]

Vor der Westfassade, also dem Eingang des Gotteshauses, liegt ein Narthex, dessen reich beschnitzte Holztüren wie auch die schon erwähnten ebenfalls beschnitzten Dachträger aus dem 6. Jh. stammen.[48]

Die Basilika ist dreischiffig. Allerdings befinden sich nördlich und südlich der Seitenschiffe Nebenkapellen für verschiedene Heilige und Nutzräume, z. B. eine Sakristei, so dass die Anlage insgesamt fast fünfschiffig wirkt. Das Mittelschiff ist von den Seitenschiffen durch Säulen getrennt. Am Ende der beiden Seitenschiffe wurde jeweils eine Kapelle angebaut, die beide nach Osten über die Apsis des Altarraums hinausragen. Zwischen diesen beiden Kapellen im Norden und Süden und der Apsis im Westen lag ursprünglich der Hof mit dem Dornbusch. Dieser wurde, nachdem der Dornbusch als Reliquie verteilt worden war, mit einer Kapelle überbaut. Der genaue Zeitpunkt der Errichtung ist nicht bekannt, muss aber vor 1216 gewesen sein, als der deutsche Pilger Magister Thietmar das Kloster besuchte und dabei die Kapelle beschrieb. Über der Stelle des Dornbuschs liegt heute eine marmorne Gedenkplatte, darüber befindet sich ein kleiner Altar.[49]

Der Pilgerweg durch die Kirche wird dementsprechend wohl ursprünglich U-förmig gewesen sein. Die Pilger betraten das Gotteshaus durch den Narthex und den Eingang des nördlichen Seitenschiffs, schritten dann durch diesen nördlichen Teil der Basilika in die nordöstliche Kapelle und betraten von dort durch eine Tür den Hof mit dem Dornbusch. Diesen verließen sie anschließend durch die Tür in der Mauer der südöstlichen Kapelle und gingen durch das südliche Seitenschiff wieder aus der Kirche heraus. Der Bereich des Mittelschiffs diente dementsprechend nicht als Wallfahrtsort, sondern war wohl für die klösterlichen Anliegen und Gottesdienste der Mönchsgemeinschaft reserviert.[50]

Abb. 2: Der Innenraum der Basilika. Im Hintergrund ist die Ikonostase zu sehen, die den dahinter liegenden Altarraum vom restlichen Kirchenschiff abtrennt. Im Vordergrund rechts befindet sich das Proskynetarion, wo während des Gottesdienstes die Tagesikone verehrt wird.

Dieser Gedanke wird auch durch die künstlerische Gestaltung des Mittelschiffs und hier vor allem der Ostwand gestützt. Die Mosaike in der Kuppel der dortigen Apsis zeigen die Verklärung Christi auf dem Berg Tabor (Mt 17,1–13/Lk 9,28–36).

In der Mitte der Komposition befindet sich Christus in einer ovalen Aureole mit silbernen Strahlen. Elias steht zu seiner Linken, Mose zu seiner Rechten. Zu seinen Füßen sind die drei Apostel Petrus, Jakobus und Johannes dargestellt. Das Thema wurde für diese Stelle aus zwei Gründen gewählt: Erstens steht es im Zusammenhang mit der Wiederkunft Christi, zweitens wird mit der Darstellung der Verklärung die Lehre der zwei Naturen Christi dargelegt, die eine der Hauptanliegen orthodoxer Theologie ist.[51]

Um die Darstellung der Verklärung herum sind Bilder von 16 Propheten (unterhalb) und den zwölf Aposteln (oberhalb) angeordnet. Dazwischen befindet sich genau zu Füßen Christi ein Bild König Davids und zu seinem Kopf ein Kreuz, wiederum ein Hinweis auf die Zwei-Naturen-Lehre. Denn David, der im Neuen Testament als Stammvater Jesu gilt[52], steht für die menschliche Natur Jesu Christi, während das Kreuz dessen göttliche Natur betont.

Vom Eingang der Kirche aus betrachtet, sieht der Innenraum der Halbkuppel der Apsis eher linsenförmig aus. Dadurch wirkt die Szene der Verklärung Christi wie ein großes Auge mit Christus als Pupille in der Mitte. Doch ist dieser Blick durch die Ikonostase und das darauf befindliche große Holzkreuz weitestgehend verstellt.

Über dem Bogen der Apsis sind auf der Ostwand der Kirche zunächst zwei Engel dargestellt, die Christus, der zwischen den beiden als Lamm Gottes abgebildet wurde, Weltkugel und Zepter reichen.[53] Über der

Lamm-Gottes-Darstellung befindet sich ein Doppelfenster. Auf der linken Seite dieses Fenster wurde ein Mosaik angebracht, welches zeigt, wie Mose die Schuhe auf heiligem Grund auszieht, bevor ihm Gott im brennenden Dornbusch erscheint (vgl. Ex 3,5). Rechts des Fensters befindet sich eine Darstellung von Mose, wie er von Gott, der mit Ausnahme seiner Hände verborgen ist, die Gesetze gereicht bekommt (vgl. Ex 31,18). Allerdings empfängt er nicht – wie im biblischen Bericht – Tafeln, sondern eine Schriftrolle.[54]

Das Anliegen der Pilger, den Ort der (alttestamentlichen) Selbstoffenbarung Gottes im brennenden Dornbusch zu besuchen, wird im Mosaik der Ostwand zwar aufgegriffen. An zentraler Stelle wird jedoch das (neutestamentliche) Thema der Verklärung Christi und damit einer anderen Selbstoffenbarung Gottes abgebildet. Der Gestalter des Mosaiks nutzt also die Möglichkeit, an diesem prominenten Ort der Kirche die Zwei-Naturen-Lehre, einen zentralen Aspekt orthodoxer Theologie, darzustellen. Damit wird deutlich, dass das Anliegen einer christologischen Aussage durch die künstlerische Gestaltung des Kirchenraums gegenüber dem Thema der Wallfahrt zum Dornbusch an Bedeutung überwiegt. Die eindeutige Bevorzugung der Offenbarung Gottes in der Verklärung Christi gegenüber der im brennenden Dornbusch zeigt sich auch dadurch, dass der alttestamentliche Mose – wie im Mosaik dargestellt – Gott nicht sehen durfte, während die drei Jünger Christi Verwandlung von der menschlichen in die göttliche Natur wahrnahmen (vgl. Mt 17,1–13/Lk 9,28–36).[55]

Der Altarraum der Basilika ist vom Rest des Mittelschiffes durch eine hölzerne, in Kreta hergestellte Ikonostase getrennt, die im frühen 17. Jh. eine ältere aus Marmor ersetzte.[56] Innerhalb des Altarraums auf der rechten Seite befindet sich auch das Grab der Heiligen Katharina mit einem Baldachin aus dem 18. Jh., welches heute aber nur noch den Schädel und die linke Hand enthält, da die übrigen Gebeine als Reliquien in andere Kirchen verbracht wurden. Im Zentrum des Raums steht der Altar, der von einem Intarsienschrein mit Baldachin aus dem 17. Jh. umgeben ist. Die Wände des Altarraums sind mit Marmor verkleidet.[57]

Außer den genannten Kunstwerken befinden sich im Kirchenraum und den Seitenkapellen zahlreiche weitere Mosaike und Fresken aus verschiedenen Jahrhunderten. Außerdem hängen von der Decke des Mittelschiffs bronzene Kronleuchter, die im 18. Jh. in Nürnberg gefertigt wurden.[58]

4.0 Kunst- und Kulturschätze des Katharinenklosters

4.1 Ikonen

Das Kloster verfügt über eine umfangreiche Ikonensammlung mit insgesamt 2044 Werken vom 6. bis zum 20. Jh., die dementsprechend von verschiedenen Künstlern stammen.[59] Die Sammlung umfasst auch Stücke aus der Zeit des Bilderstreits im byzantinischen Reich (726–843)[60]. Die Ikonen aus dieser Zeit entstanden in dem bereits unter muslimischer Herrschaft befindlichen Palästina, weshalb der kaiserliche Verbotserlass für bildhafte Darstellungen hier nicht durchgesetzt wurde.[61]

Die Ikonen wurden zum Teil im Kloster selber gemalt oder zumindest speziell dafür hergestellt. Wieder andere wurden dem Kloster einfach nur geschenkt. Speziell für das Kloster gemalte oder sogar hier angefertigte Ikonen zeigen vor allem drei Themen: Die Gottesmutter des brennenden Dornbuschs, Moses, der die Schuhe auszieht oder die Gesetzestafeln in Empfang nimmt, und die heilige Katharina von Alexandria.[62]

Die Vielfalt der Ikonen und der Stile in der Malerei beruht auch auf der Tatsache, dass zu verschiedenen Zeiten syrische, georgische, lateinische und später auch slawische Mönche im Kloster in einer Kolonie lebten und Ikonen für ihre jeweiligen Kapellen und Gottesdienste benötigten. Dementsprechend gibt es in der Klostersammlung Ikonen mit Inschriften in diesen Sprachen. Einige Ikonen sind auch zweisprachig beschriftet.[63]

Die weltweite Vorrangstellung der Sinaisammlung im Bereich der Ikonen bezieht sich vor allem auf den Zeitraum bis zum 14. Jh., danach gibt es wertvolle Ikonen der jeweiligen Periode auch an anderen Orten.[64]

4.2 Codices

Im Rahmen der Religions- und Kunstgeschichte ist das Katharinenkloster aber nicht nur für seine Ikonensammlung, sondern vor allem auch für seine Bibliothek berühmt. Es verfügt über einige sehr alte Handschriften.

Von besonderer Bedeutung ist in erster Linie der in den Jahren 1844–59 von Konstantin von Tischendorf im Auftrag des russischen Zaren Alexander II. (reg. 1855–81) gefundene so genannte Codex Sinaiticus. Es handelt sich hierbei um eine besonders großformatige, aus der ersten Hälfte des 4. Jhs. stammende, fast vollständige Bibelhandschrift. Der Codex Sinaiticus ist damit das zweitälteste erhaltene Bibelmanuskript der Welt. Möglicherweise könnte es sich hierbei um eine der 50 von dem römischen Kaiser Konstantin (reg. 306–37) als Förderer der christlichen Kirche in Auftrag gegebenen Exemplare der Heiligen Schrift handeln. Da der Codex Sinaiticus älter als das Kloster ist, muss er diesem vermutlich bei seiner Gründung übergeben worden sein. Er ist in griechischer Sprache in Unzialschrift[65] geschrieben. Der Ort der Verfassung ist wahrscheinlich Alexandria in Ägypten. Er besteht aus 346,5 Folia, von denen 199 auf das AT und 147,5 auf das NT entfallen. Für seine Herstellung war vermutlich die Haut von etwa 700 Ziegen notwendig. Heute befinden sich die meisten Folia des Codex allerdings nicht mehr im Katharinenkloster, sondern vor allem in der British Library in London, aber auch in der Nationalbibliothek St. Petersburg und der Universitätsbibliothek Leipzig.[66]

Obwohl die ältesten Codices dem Kloster also vermutlich bei seiner Gründung bereits übergeben worden sind, muss auch hier bald schon mit der Herstellung eigener Handschriften begonnen worden sein. Die noch erhaltenen Manuskripte dienten hauptsächlich zu liturgischen Zwecken. Es sind dementsprechend vor allem Psalterien und neutestamentliche Schriften. Die Qualität des verwendeten Pergaments ist relativ grob. Die Texte wurden in einer sehr frühen Unzialschrift verfasst.[67]

In späterer Zeit entstanden im Kloster aber auch aufwändiger gearbeitete Codices, die seit dem 10. Jh. zunehmend prunkvolle Buchmalereien enthielten. Etwa ab dieser Zeit wurden auch wieder kostbar gearbeitet Manuskripte aus Konstantinopel eingeführt, nachdem dies in der ersten Zeit der muslimischen Herrschaft auf dem Sinai anscheinend nicht möglich gewesen ist. Neben Manuskripten der liturgischen wurden nun zunehmend auch solche der patristischen Literatur angefertigt.[68]

Die Multinationalität der Mönche, die im Laufe der Jahrhunderte im Kloster lebten, und die Tatsache, dass viele von ihnen in einer arabischen Umgebung aufwuchsen und dementsprechend Arabisch als Muttersprache sprachen, erklärt, warum einige liturgische Bücher bilingual in Griechisch und Arabisch gehalten sind. Bei einem Manuskript der Bibliothek handelt es sich sogar um eine Trilingue, welche auf Griechisch, Koptisch und Arabisch liturgische Texte für den Gottesdienst enthält (**Katalognummer 23**).

Insgesamt umfasst die Klosterbibliothek über zweitausend griechische, ungefähr siebenhundert christlich-arabische, fast dreihundert syrische, etwa hundert georgische und vierzig slawische Manuskripte, aber nur eine lateinische Handschrift. Der Verlust der lateinischen Handschriften, die zweifellos einmal in größeren Zahl für die Mönche der Westkirche vorhanden gewesen sein müssen, kann sinnvoll nur dadurch erklärt werden, dass diese irgendwann in der Zeit nach den Kreuzzügen, möglicherweise im 16. Jh., als der slawische Einfluss auf das Kloster zunahm, absichtlich zerstört wurden. Diese Vermutung kann dadurch belegt werden, dass haufenweise zerschnittene lateinisch beschriftete Seiten zum Ausbessern von Büchern in anderen Sprachen verwendet wurden.[69]

5.0 Der Gottesdienst im Katharinenkloster

Die Basilika des Katharinenkloster ist die älteste christliche Kirche der Welt, in der ununterbrochen seit eineinhalb Jahrtausenden die Liturgie gelesen und gesungen wird.[70] Da andere Angaben fehlen, ist davon auszugehen, dass die Liturgie im Wesentlichen der allgemein üblichen orthodoxen ‚Göttlichen Liturgie' nach Chrysostomos[71] entspricht.

Der erste Gottesdienst des Tages findet bereits gegen 05.00 Uhr morgens statt. Zu diesem Frühgottesdienst wird gerufen, indem die Symandra, eine Bohle aus Holz, die an Seilen von der Decke hängt, mit einem hölzernen Hammer geschlagen wird. Vorher werden die Mönche durch dreiunddreißigfaches Schlagen der Glocke geweckt. Jeder Schlag steht dabei für ein Lebensjahr Jesu.[72] Da die Kirche über keine elektrischen Lichtquellen verfügt, wird sie während des Gottesdienstes nur von Kerzen illuminiert. Weiterhin wird Weihrauch verbrannt und von zwei verschiedenen Lektoren abwechselnd aus der Bibel vorgelesen.[73]

Vor Beginn des Gottesdienstes wird die Tagesikone, die im Mittelschiff der Kirche im Proskynetarion, einem Pult mit Baldachin darüber, ausgestellt wird, vom Priester verehrt, indem er sich tief vor ihr verneigt und sie anschließend küsst. Danach betritt er im so genannten kleinen Introitus den Altarraum.[74]

Theoretisch müsste jede Ikonensammlung einer Kirche oder eines Klosters eine Ikone für jeden Heiligen aufweisen. Da dies jedoch nicht möglich ist, wurden die so genannten Kalenderikonen erfunden. Jede von ihnen zeigt die Heiligen jeweils eines Monats. Dementsprechend verfügt die Kirche über zwölf Kalenderikonen. Vor derjenigen, die das Bild des Tagesheiligen enthält, wird jeweils eine Kerze angezündet.[75]

Während des Gottesdienstes findet auch eine besondere Verehrung der Ikonen in der Ikonostase statt, indem der Priester davor Weihrauch verbrennt und das Fürbittgebet spricht. Eine solche Verehrung der Ikonostase ist aber keine Besonderheit des Gottesdienstes im Katharinenkloster, sondern allgemeiner Bestandteil der ‚Göttlichen Liturgie'.[76]

Orthodoxe Gottesdienste und besonders die religiösen Feste werden von den Glaubenden als Vergegenwärtigung des Himmels auf Erden verstanden, was auf dreifache Weise erreicht wird:

– durch das Wort in Form des Evangeliums, welches geheimnisvoll die Ereignisse des Lebens Jesu Christi enthält und durch dessen Verkündigung der Glaubende an den erzählten Geschehnissen teil hat und diese umgekehrt zu neuem Leben erweckt
– durch das Sakrament der Eucharistie, das als ‚pneumatische Realpräsenz' Christi und somit Christophanie (Christus-Erscheinung) gilt, womit eine nur symbolische Interpretation von Brot und Wein als Leib und Blut Christi ausgeschlossen wird
– und schließlich durch die Ikonen, die als offene Fenster des Himmels gelten und somit „auf mystische Weise die Kommunikation zwischen der sichtbaren und der transzendenten Welt"[77] ermöglichen.

Insgesamt wird deutlich, welche Bedeutung dem Lesen oder besser Singen des Wortes und der Verkündigung des Evangeliums im Rahmen des orthodoxen Gottesdienstes beigemessen wird. Hierfür werden die Lektionare benötigt, welche die liturgischen Texte enthalten.

Von noch größerer Bedeutung als die normalen täglichen Gottesdienste sind die großen Feste der orthodoxen Kirche, die als Christophanien gelten. Vor diesem Hintergrund muss schließlich auch die Trilingue (**Katalognummer 23**) eingeordnet werden. Es handelt sich hierbei um einen Ausschnitt aus einem auf Griechisch, Koptisch und Arabisch verfassten Lektionar für den Gottesdienst am Mittwoch der Karwoche. Auf der einen Seite des Blattes steht als liturgischer Text für die neunte Stunde des Tages Joh 11,55–57, auf der anderen für die elfte Stunde Ps 56,2. Durch das Singen der Johannes- und Psalm-Verse ist es den Mönchen nach ihrem Glauben möglich, die im Text dargestellten Geschehnisse neu zu beleben und dadurch an diesen teilzuhaben, wodurch sie sich den Himmel auf Erden vergegenwärtigen.

6.0 Literatur

6.1 Monographien

Eliade, Mircea (1954):
Die Religionen und das Heilige – Elemente der Religionsgeschichte, Otto Müller Verlag, Salzburg

Evans, Helen C. (2004):
Saint Catherine's Monastery, Sinai, Egypt: a photographic essay, The Metropolitan Museum of Art, New York

Finkelstein, Israel u. Silberman, Neil (2003):
Keine Posaunen vor Jericho – Die archäologische Wahrheit über die Bibel,. 3. Aufl., Verlag C.H.Beck, München

Forsyth, George (1979):
Das Katharinenkloster auf dem Sinai: Kirche und Festung Justinians, in: Galey, John: Sinai und das Katharinenkloster, Belser Verlag, Stuttgart, Zürich

Galey, John (1979):
Sinai und das Katharinenkloster, Belser Verlag, Stuttgart, Zürich

Giebel, Marion (2003):
Das Geheimnis der Mysterien – Antike Kulte in Griechenland, Rom und Ägypten, 3. Aufl., Patmos Verlag GmbH & Co. KG, Düsseldorf Zürich

Gogol, Nikolaj V. (1989):
Betrachtungen über die Göttliche Liturgie: Mit einem Beitrag von Prof. Dr. Fairy v. Lilienfeld, 1.Aufl., Verlag ‚Der Christliche Osten', Würzburg

Huber, Paul (1987):
Die Kunstschätze der heiligen Berge – Sinai Athos Golgta, 3. durchges. u. erg. Aufl., Weltbild Verlag, Augsburg

Kloft, Hans (1999):
Mysterienkulte der Antike, Verlag C.H.Beck, München

Koch, Klaus (1993):
Geschichte der ägyptischen Religion – Von den Pyramiden bis zu den Mysterien der Isis, Verlag W. Kohlhammer, Stuttgart Berlin Köln

Liesel, Nikolaus (1960):
Die Liturgien der Ostkirche, Verlag Herder KG, Freiburg Basel Wien

Martin, Luther H. (1989):
Roman Mithraism and Christianity, in: Numen – International Review for the History of Religions, Vol. XXXVI, 1989, S. 2–15

Rothenberg, Beno (1979, I):
Badiet el Tih, die Wüste des Irren – Archäologie des Zentralsinai, in: Rothenberg, Beno u. Weyer, Helfried: Sinai, Kümerly + Frey, Bern

Rothenberg, Beno (1979, II):
Türkis, Kupfer, Pilger, in: Rothenberg, Beno u. Weyer, Helfried: Sinai, Kümerly + Frey, Bern
Storm, Elfriede (1980, I):
Der antike Kupfer- und Türkisbergbau auf dem Sinai, in: Der Sinai und das Katharinenkloster, Die Karawane – Vierteljahresheft der Gesellschaft für Länder- und Völkerkunde, 20. Jahrgang 1979, Heft 4
Storm, Elfriede (1980, II):
Das Katharinenkloster auf dem Sinai in seinem historischen Werdegang, in: Der Sinai und das Katharinenkloster, Die Karawane – Vierteljahresheft der Gesellschaft für Länder- und Völkerkunde, 20. Jahrgang 1979, Heft 4
Weidinger, Erich (1985):
Die Apokryphen – Verborgene Bücher der Bibel, Paul Pattloch Verlag, Aschaffenburg
Weizmann, Kurt (1979, I):
Zur Geschichte des Katharinenklosters, in: Galey, John: Sinai und das Katharinenkloster, Belser Verlag, Stuttgart, Zürich
Weizmann, Kurt (1979, II):
Zur Kunst des Katharinenklosters, in: Galey, John: Sinai und das Katharinenkloster, Belser Verlag, Stuttgart, Zürich
Wilkinson, Richard H. (2003):
Die Welt der Götter im alten Ägypten – Glaube Macht Mythologie, Wissenschaftliche Buchgesellschaft, Stuttgart

6.2 Internetseiten

http://www.dk0tui.de/HAMINFO/dc3mf/stkatha.htm, 01. 03. 2006
http://www.freemedia.ch/downloads/stonewatchmagazin_spezial_timna.pdf, 11. 07. 2206
http://www.heiligenlexikon.de/start.html?Stadler/Katharina_von_Alexandria.html, 01. 03. 2006
http://www.kirche-im-bistum-aachen.de/downloads/110146378290599.pdf, 01. 03. 2006
http://www.metmuseum.org/explore/byzantium_III/litobj_2.html, 15. 03. 2006
http://de.wikipedia.org/wiki/Katharina_von_Alexandria, 15. 03. 2006
http://de.wikipedia.org/wiki/Codex_Sinaiticus, 15. 03. 2006
http://www.wuestenfuchs.com/aeg/sinai/katharinen.html, 01. 03. 2006

Anmerkungen

1 Daten der vorchristlichen Zeit werden im Folgenden mit der Angabe ‚v.Chr.' oder analog gekennzeichnet, bei Daten der christlichen Ära unterbleibt in der Regel die Angabe ‚n.Chr.'.

2 Rothenberg (1979, I), S. 110–117; http://www.freemedia.ch/downloads/stonewatchmagazin_spezial_timna.pdf

3 Die älteste Inschrift stammt aus dem Mittleren Reich von Pharao Amenemhet I. (reg. 1991–62 v.Chr.) aus der 12., die jüngste aus der Spätzeit des Neuen Reiches von Ramses VI. (reg. 1141–33 v.Chr.) aus der 20. Dynastie.

4 Storm (1980, I), S. 41ff; Rothenberg (1979, II), S. 162ff

5 Die Midianiter waren ein Volk, dass im Nordwesten Arabiens östlich des Golfs von Akaba beheimatet war, von wo aus sie auch Teile der Sinai-Halbinsel kontrollierten. Der Höhepunkt ihrer Zivilisation reichte von der späten Bronze- bis in die frühe Eisenzeit, also vom 13. bis 11. vorchristlichen Jh. Entgegen früherer Annahmen, die Midianiter seien nur Wüstennomaden gewesen, gilt heute als gesichert, dass das Volk weitestgehend sesshaft war, größere Ortschaften und Städte gründete, Acker- und Bergbau betrieb, über ein weitgespanntes Handelsnetz verfügte und eine komplexe politische (möglicherweise ein Mehr-Städte-Bund) und soziale Struktur besaß. Nach Gen 25,1–6 galten die Midianiter als Nachfahren von Midian, eines Sohns Abrahams mit dessen Nebenfrau Ketura. Darüber hinaus wird das Volk häufig in der Literatur des Alten Testamentes erwähnt, vor allem im Pentateuch und im Buch Richter. Vermutlich beruht ihre negative Schilderung als räuberische Wüstennomaden vor allem in Ri (6,1–8,28) auf dem historischen Kern der Erfahrung Israels, sich in vorstaatlicher Zeit mit diesen gefährlichen und machtbewussten Nachbarn militärisch auseinandergesetzt zu haben. Allerdings ist die alttestamentliche Darstellung nicht durchweg negativ, denn in Ex sind es die Midianiter, die Mose Asyl bieten, als er vor Pharao fliehen muss. Mose heiratet auch Zippora, eine Tochter Jetros, des Priesters der Midianiter (Ex 2,15–22).

6 Storm (1980, I), S. 22–25.

7 Die Amalekiter waren ein südkanaanäisches Volk, welches nahe dem heutigen Negev siedelte und in befestigten Ortschaften lebte, die vermutlich jeweils einem Stadtfürsten unterstanden. Der Höhepunkt ihrer Zivilisation liegt in der frühen Eisenzeit, also parallel zur späten vorstaatlichen und frühen Königszeit Israels im 11. und frühen 10. Jh. v.Chr. In der Bibel (Gen 36,1–12) gilt Amalek, der Enkelsohn Esaus, Sohn des Isaaks und Zwillingsbruder Jakobs, als Stammvater des Volkes. Auch die Amalekiter werden im Pentateuch und 1 und 2 Sam als räuberische Wüstennomaden geschildert. Sie sollen sich schon während des Exodus' dem Zug der Israeliten auf der Sinai-Halbinsel in den Weg gestellt haben (Ex 17,8–13). Die Weigerung Sauls, das Volk samt seines gesamten Besitzes und all seiner Herden zu vernichten und stattdessen die Tiere für sich zu behalten, gilt in 1 Sam als Grund für dessen Verwerfung durch Gott (15,1–22; 28,15.19). Die Amalekiter werden laut biblischem Bericht schließlich von König David vernichtet (1 Sam 30,17).

8 Storm (1980, I), S. 21. Storm geht an dieser Stelle nicht näher darauf ein, wie die Höhenheiligtümer gestaltet waren. Doch mögen durchaus Ähnlichkeiten mit den archäologisch gut belegten und im AT häufig erwähnten sogenannten (Kult-) Höhen bestanden haben (1 Kön 14,23; 15,14; 22,44; 2 Kön, 12,4; 14,4; 15,4; 16,4; 18,4; 21,3). Hierbei handelt es sich um Anhöhen, auf denen Altäre unter freiem Himmel aufgestellt wurden. Häufig wurden in der Nähe dieser Stätten auch Kultbilder gefunden, die im AT ebenfalls Erwähnung finden (2 Kön 18,3–7). Die Höhen galten in der späteren Reichszeit der Tempelpriesterschaft in Jerusalem als Orte des Götzendienstes, weshalb König Hiskia von Juda (reg. 727–698 v.Chr.) diese zerstören, sein Sohn und Nachfolger Manasse (reg. 698–42 v.Chr.) sie aber wieder errichten ließ. Ihre endgültige Überwindung gelang wohl erst König Josia (reg. 638–09 v.Chr.) im ausgehenden 7. Jh. v.Chr. (2 Kön 23,4–20). Die Nichtzerstörung der Höhen ist einer der häufigsten Vorwürfe von 1 und 2 Kön gegenüber den Königen von Juda (siehe auch Finkelstein/Silberman [2003], S. 254).

9 Hendrix: http://www.kirche-im-bistum-aachen.de/downloads/110146378290599.pdf

10 http://www.heiligenlexikon.de/start.html?Stadler/Katharina_von_Alexandria.html

[11] Die deutsche Seite von wikipedia (http://de.wikipedia.org/wiki/Katharina_von_Alexandria) gibt als einen möglichen Ursprung der Katharinenlegende den Fund einer Malerei auf dem Berg Sinai an, die eine unbekannte Göttin tanzend auf einem Feuerrad im Mittelpunkt des Universums zeigt und auf vorrömische Zeit datiert wird. Ergänzende Angaben aus anderen Quellen hierzu sind jedoch nicht bekannt.

[12] http://de.wikipedia.org/wiki/Katharina_von_Alexandria

[13] Eliade (1954), S. 417f

[14] Der Name der kanaanäischen Stadt Hazor, die in späterer Zeit auch eines der wichtigsten urbanen Zentren des Nordreichs Israel war, geht vermutlich auf den Namen der Göttin zurück.

[15] Zu Hathor: Wilkinson (2003), S. 139–44; Koch (1993), S. 384–90

[16] Giebel (2003), S. 152

[17] Kloft (1999), S. 55

[18] Giebel (2003), S. 193

[19] Luther H. Martin (1989, S. 4ff) arbeitet z. B. deutlich heraus, dass mehrere christliche Kirchen auf stadtrömischem Gebiet an Stelle älterer Mtihräen, also Mithras-Heiligtümern, errichtet wurden.

[20] Storm (1980, II), S. 62ff

[21] Storm (1980, II), S. 98f. Der Zeitpunkt der Pilgerreise Etherias in das Heilige Land ist in der Forschung allerdings umstritten. Die Datierungen schwanken zwischen dem Ende des 4. und der ersten Hälfte des 6. Jhs., wobei das frühere Datum eindeutig häufiger genannt wird.

[22] Laut Weitzmann (1979, S. 12) war bis ins 4. Jh. hinein umstritten, ob der Dschebel Serbal oder der Dschebel Musa Ort der Selbstoffenbarung Gottes sei.

[23] Storm (1980, II), S. 65

[24] http://www.dk0tui.de/HAMINFO/dc3mf/stkatha.htm

[25] Storm (1980, II), S. 69ff; Weitzmann (1979, I), S. 12f

[26] Storm (1980, II), S. 72

[27] Huber (1987), S. 188

[28] Evans (2004), S. 13f

[29] Storm (1980, II), S. 93

[30] Weitzmann (1979, I), S. 13. Weitzmann spricht an dieser Stelle von einer autokephalen Kirche, doch ist die Kirche des Sinai – zumindest heute – nicht autokephal, sondern lediglich autonom.

[31] Nach einer anderen Version der Legende schickten die Mönche im Jahre 625 eine Gesandtschaft zu Muhammad, der ihnen ein Dokument, welches die Sicherheit des Klosters gewähren sollte, übergeben haben soll, welches er, da er nicht schreiben konnte, durch einen Handabdruck gesiegelt haben soll. Eine Kopie dieses Dokumentes, dessen Echtheit als Gabe Muhammads eher zweifelhaft ist, wird heute noch im Kloster aufbewahrt. Das Original soll vom osmanischen Sultan Selim I. (reg. 1512–20) im Jahre 1517 nach Istanbul verbracht worden sein (siehe Evans [2004], S. 14f).

[32] Storm (1980, II), S. 94

[33] Evans (2004, S. 14) gibt an, dass die Moschee allerdings auch unter dem Eindruck einer wachsenden islamischen Bedrohung des Klosters im 11. Jh. errichtet worden sein könnte.

[34] Storm (1980, II), S. 77

[35] Huber (1987), S. 23

[36] Forsythe (1979), S. 52

[37] Weitzmann (1979, I), S. 14. Heute ist die sinaitische Kirche lediglich autonom. Ob sie zum Zeitpunkt des Kirchenschismas autokephal war, ließ sich nicht feststellen.

[38] Storm (1980, II), S. 104

[39] Weitzmann (1979, I), S. 14

[40] Storm (1980, II), S. 97

[41] Weitzmann (1979, I), S. 15

[42] Forsyth (1979), S. 56. Storm (1980, II, S. 78f) gibt als Zeitpunkt für den Bau des linken Glockenturms, bei dem es sich wohl um den Campanile handeln muss, das 18. Jh. an, bestätigt aber die russische Stiftung.

[43] Weitzmann (1979, I), S. 16; http://de.wikipedia.org/wiki/Codex_Sinaiticus

[44] Forsythe (1979), S. 52ff

[45] Forsythe (1979), S. 56

[46] Forsythe (1979), S. 57. In einer der Inschriften wird der bereits toten Kaiserin Theodora gedacht, die 548 gestorben ist, während in einer anderen der zu diesem Zeitpunkt noch lebende Kaiser Justinian erwähnt wird. Da sein Todesjahr 565 ist, muss der Bau in den Jahren dazwischen ausgeführt worden sein.

[47] Forsythe (1979), S. 57+60; Storm (1980, II), S. 79

[48] Storm (1980, II), S. 77f

[49] Forsythe (1979), S. 60–63

[50] Forsythe (1979), S. 63f; Storm (1980, II), S. 84

[51] Die Zwei-Naturen-Lehre wurde auf dem IV. Ökumenischen Konzil von Chalkedon im Jahre 451 als Dogma verkündet. Sie besagt, dass in der Person Jesus Christus eine Einheit bei gleichzeitiger Getrenntheit von göttlicher und menschlicher Natur vorliegt, dieser dementsprechend zwei Naturen besitzt. Mit der Zwei-Naturen-Lehre wurde der Monophysitismus (die Anhänger dieser Theologie bevorzugen allerdings den Begriff ‚Miaphysiten' als Bezeichnung ihres Glaubens) als Lehre abgelehnt, der von einer Einigung von Gottheit und Menschheit in Jesus Christus zu einer Natur ausgeht. Die Zwei-Naturen-Lehre ist laut Weitzmann (1979, I, S. 16) auch der Grund, warum trotz geographischer Nähe im Sinai-Kloster kaum Einflüsse der monophysitischen koptischen und armenisch-apostolischen Kirche zu beobachten sind, die beide das Dogma von Chalkedon nicht anerkennen.

[52] Das Neue Testament bietet in Mt 1,1–15 und Lk 3,23–38 zwei Stammbäume Jesu, die aber nicht identisch sind. Beide stellen Jesus jedoch über die Linie des Joseph als einen Nachfahren König Davids dar: Mt in der 28., Lk in der 43. Generation. Die Verbindung mit dem Hause Davids wird darüber hinaus noch mehrfach betont: durch die Feststellung bei Lk, Maria sei mit „einem Mann aus dem Hause Davids, namens Joseph" (Lk 1,27) verlobt; durch die lukanische Geburtsgeschichte, denn Joseph muss sich im Rahmen der von Augustus verfügten Volkszählung auf den Weg nach Bethlehem machen, weil er „aus dem Hause und Geschlechte Davids war" (Lk 2,4); durch die Ansprache eines Engels des Herrn an Joseph bei Mt, der diesen als „Sohn Davids" (Mt 1,20) bezeichnet. Dem Autor des apokryphen Protevangeliums des Jakobus genügte die etwas unsichere Anbindung Jesu an das Haus Davids über Joseph nicht, da Jesus nicht als Josephs leiblicher Nachfahre angesehen werden kann (vgl. Lk 3,23: „Jesus ... war, wie angenommen wurde, der Sohn Josephs ..."). Deshalb berichtet er, dass auch Maria „aus dem Stamme Davids war" (10,1; Weidinger [1985], S. 438). Die leibliche Abstammung Jesu von David ist jedoch nicht nur ein Beweis für dessen Menschlichkeit, sondern auch Beleg für seine Messianität, wie Mt 1,23 durch das Zitat von Jes 7,14 betont, da nach alter Vorstellung der Messias aus dem Hause Davids stammen muss.

[53] Es handelt sich laut Storm (1980, II, S. 83) und Weitzmann (1979, II, S. 85) hierbei um eine Reminiszenz an römische Triumphbögen, wo Siegesgöttinnen den Kaisern ebenfalls Weltkugel und Zepter reichen.

[54] Weitzmann (1979, II); S. 84; Galey (1979), Abb. 119–136

[55] Weitzmann (1979, II), S. 85. Auch der Ort der Errichtung des Klosters (die monophysitische Koptische Kirche Ägyptens ist nicht weit entfernt), der Zeitpunkt etwa 100 Jahre nach dem Konzil von Chalkedon 451, auf dem die monophysitische Lehre verworfen und die Zwei-Naturen-Lehre betont wurde, und die justinianische Religionspolitik im Allgemeinen, die nach einer Einheit des Christentums strebte, lassen darauf schließen, dass das Kloster von Justinian nicht

ausschließlich als Wallfahrtsort, sondern vor allem als Bollwerk orthodoxer Theologie gegründet worden ist.

[56] Storm (1980, II), S. 80. Eine Inschrift über einer der Türen gibt als Zeitpunkt des Abschlusses der Arbeit August 1612 an. Auch der Erzbischof (Laurentius) und der Oikonomos des Sinai (Kosmas aus Kreta) sowie der Künstler (Maximos) werden mit Namen genannt.

[57] Weitzmann (1979, II), S. 83; Storm (1980, II), S. 81+100f; Galey (1979), Abb. 37

[58] Weitzmann (1979, II), S. 81

[59] Weitzmann (1979, II), S. 88+90

[60] Der Bilderstreit entwickelte sich über die Frage, ob es legitim sei, Jesus Christus bildhaft darzustellen. Vor allem in Kleinasien und Armenien hatten sich christliche Gruppen halten können, welche die Bilderverehrung ablehnten (so genannte Ikonoklasten). Der Streit eskalierte, als sich die byzantinischen Kaiser Leon III. (reg. 717–41) und Konstantin V. (reg. 741–75) auf die Seite der Ikonoklasten stellten. Konstantin ließ 754 auf der Synode von Hiereia ein allgemeines Bilderverbot – auch für Heiligenbilder – aussprechen. Dieses Verbot wurde aber auf dem VII. Ökumenischen Konzil von Nicaea unter anderem auf Betreiben der Kaiserin Irene (752–803, Mitregentin und später alleinige Kaiserin von 780–802) aufgehoben. Das Bild als Umschreibung der Person Jesu Christi, die menschliche und göttliche Natur umfasst, wurde in den Konzilsbeschlüssen theologisch gerechtfertigt. Bilderverehrung galt dann als legitim, wenn sie vom Abbild auf das Urbild gerichtet ist und streng von der Gottesanbetung geschieden wird. Trotz dieser Beschlüsse zog sich der Bilderstreit noch bis in das Jahr 843 hin.

[61] Weitzmann (1979, II), S. 83

[62] Weitzmann (1979, II), S. 91

[63] Weitzmann (1979, II), S. 91+153. Es gibt laut Weitzmann (1979, II, S. 95) sogar Hinweise darauf, dass die lateinischen Mönche ihre heute nicht mehr bestehende Kapelle ‚St. Katharina der Franken' im orthodoxen Stil ausschmückten, weil einige offensichtlich italienische Ikonen aus der Klostersammlung vermutlich für einen Ikonostasebalken gedacht waren, der sich dann wohl in der Kapelle befunden haben muss.

[64] Weitzmann (1979, II), S. 96

[65] Eine Unzialschrift ist eine Schrift, die nur Majuskeln, also Großbuchstaben, benutzt.

[66] Weitzmann (1979, II), S. 154; Storm (1980, II), S. 106ff; http://de.wikipedia.org/wiki/Codex_Sinaiticus; http://www.sinaiticus.de/

[67] Weitzmann (1979, II), S. 154

[68] Weitzmann (1979, II), S. 156ff

[69] Weitzmann (1979, II), S. 155

[70] http://www.wuestenfuchs.com/aeg/sinai/katharinen.html

[71] Die Liturgie ist nach Johannes Chrysostomos (349?–407) benannt, der sie im Wesentlichen in ihren Grundzügen entwickelt hat. Die Chrysostomos-Liturgie hat sich im 11./12. Jh. endgültig in Konstantinopel durchgesetzt.

[72] Storm (1980, II), S. 102

[73] http://www.wuestenfuchs.com/aeg/sinai/katharinen.html

[74] Weitzmann (1980, II), S. 90

[75] Weitzmann (1980, II), S. 90. Zwischen beiden Angaben, die Weitzmann hier macht, scheint ein Widerspruch vorzuliegen. Denn es ist nicht klar, ob die Praxis der Ausstellung und rituellen Verehrung der Tagesikonen nur an manchen Tagen durchgeführt wird, während sonst die Kerze vor der Kalenderikone brennt oder ob beide Praktiken parallel stattfinden. Dann bleibt aber unklar, wozu eine Kalenderikone parallel zur Tagesikone dienen soll. Möglich aber unwahrscheinlich ist auch, dass die Tagesikone nichts mit dem Tagesheiligen zu tun hat und dieser somit nur über die Kalenderikone verehrt werden kann. Eine weitere Auflösung des Problems könnte sein, dass es sich bei der Kalenderikone um die verehrte Tagesikone handelt.

[76] Weitzmann (1980, II), S. 89. Zur Beweihräucherung der Ikonostase während der ‚Göttlichen Liturgie' siehe auch: Gogol (1989), S. 25f; Liesel (1960), S. 139.

[77] Huber (1987), S. 146

Abb. Seite 62/63:
Bevor ein antiker Papyrus gelesen werden kann, muss er aus seinem ursprünglichen Fundzustand befreit und in einem aufwändigen Verfahren konserviert werden. Die Blätter wurden meist als Reste von Rollen oder als Knäuel gefunden, also in jenen Zuständen, wie sie in der Antike entweder aufbewahrt oder weggeschmissen worden waren und über all die Jahrhunderte und Jahrtausende im Wüstensand erhalten geblieben sind.
Um ihre Texte heute der Wissenschaft wieder zugänglich zu machen, müssen die Papyri zuerst von Staub, Sand und anderen Verunreinigungen gesäubert und anschließend ihre Fasern durch Befeuchtung wieder biegsam und geschmeidig gemacht werden, um sie in ihre ursprüngliche Lage zurückführen zu können. Erst nach weiteren Schritten der Reinigung kann mit der Entzifferung der Schriftzeichen begonnen werden.

Hermann Harrauer – Christian Gastgeber

Bibeltexte im Schulunterricht

Den reichen Papyrusfunden verdankt die Wissenschaft einen Einblick in das Unterrichtswesen, den die literarische Überlieferung nur sehr marginal und kursorisch abdeckt. Hier bestätigt sich einmal mehr der Wert der Papyri durch Einsichten in das Alltagsleben in Ägypten mit wertvollen realienkundlichen Ergebnissen.

In der Antike hat sich im Schulwesen ein dreistufiges Unterrichtssystem entwickelt, das vereinfacht aus folgenden drei jeweils aufeinander aufbauenden Abschnitten bestand: der Elementarunterricht mit Schreiben und Lesen, der Unterricht der sogenannte sieben freien Künste (*artes liberales*), der Grammatik, Rhetorik, Dialektik (*Trivium*) sowie Geometrie, Arithmetik, Astronomie und Musik (*Quadrivium*) umfasste, und als letzte Stufe: das vertiefende (Hochschul-)Studium der Philosophie bzw. Rhetorik und Jus[1]. Eine konkrete Vorstellung der ersten Stufe geben die Papyri, auf denen solche Schulaufgaben überliefert sind und die auch die pädagogische Methode erkennen lassen[2].

Freilich stellt sich im Zusammenhang mit der Überlieferung von Schultexten auf Papyri und Ostraka, die Bibelstellen enthalten, die Frage, inwieweit mit dem Aufkommen des Christentums und vor allem von der Unterstützung (unter Kaiser Konstantin d. Gr., 313) bis zur Etablierung als Staatsreligion (unter Kaiser Theodosios I., 379–395) das Schulwesen verändert wurde – d. h. inwieweit und ob der Kanon der klassischen Schulautoren durch biblische Texte ersetzt wurde.

Kontinuität im Schulkanon

Soweit es den griechischsprachigen Unterricht betrifft, kann eine Kontinuität des klassischen Kanons bis in spätbyzantinische Zeit aufgezeigt werden[3], wie neben den Papyrusbelegen auch zahlreiche Bemerkungen in biographischen, vor allem hagiographischen Quellen immer wieder bestätigen[4]. Es ist nicht weiter verwunderlich, wenn es dann allerdings zu einer anderen Gewichtung kommt; so kann die Philosophie nicht mehr als krönender Abschluss angesehen werden, sondern die Theologie[5]. Der anfängliche „Kulturkampf" vor allem unter den Apologeten gegen die heidnische Literatur, um genauer zu sein: gegen die von heidnischem Gedankengut durchdrungene Literatur wie philosophische und theosophische Schriften, wird unter den Gelehrten schließlich auch abgemildert, und man findet Wege der „Integration" selbst dieser heidnischen Literatur unter dem Aspekt des Nützlichen[6]. Augenscheinlicher Beleg dafür sind etwa 1654 Homerpapyri aus christlicher Zeit. Festzuhalten ist in diesem Zusammenhang auch, dass eine der schönsten handschriftlichen Illustrationenserien zu Homers Ilias in der sogenannten *Ilias Ambrosiana*[7] aus christlicher Zeit (6. Jh. n.Chr.) stammt – eine aus aristokratischem Kreise in Auftrag gegebene Prunkausgabe bereitete also kein Problem mehr.

Unterweisungen in der Bibel

Das Festhalten an der Tradition schließt freilich nicht aus, dass man in der uns hier interessierenden ersten Stufe als Abschreibübungen anstelle (oder neben) klassischen Autoren (d. h. Homer, Euripides und Gnomischem)[8] auch biblische Texte verwendet hat, doch kann nicht von einem generellen Ersatz gesprochen werden. Das lässt auch schon die Überlieferung der Papyri vermuten: Die ständig aktualisierte Datenbank aller literarischen griechischen (und lateinischen) Papyri vom 4. Jh. v.Chr. bis 800, die Leuven Database of Ancient Books von Willy Clarysse[9], gibt unter der Rubrik

Schultext zum Alten Testament 22 Belege (3.–7./8. Jh.) und zum Neuen Testament acht (3.–7./8. Jh.). Im Vergleich dazu sind die klassischen Autoren mit 245 Schultexten ab dem 1. Jh. n.Chr. vertreten. Sehr auffällig ist zudem die Verbindung von klassischen Autoren mit Bibeltexten in drei Fällen: Homer und Altes Testament (3. Jh. n.Chr.)[10]; Menander und Altes Testament (3.–4. Jh. n.Chr.)[11] Menander und Altes Testament (6.–7. Jh. n.Chr.)[12].

Es steht der heidnische Schulkanon auch keineswegs im Widerspruch mit der oft frühen Unterweisung in die Heilige Schrift (ἱερὰ γράμματα), wie die Hagiographie gelegentlich berichtet[13]; doch ist bei all diesen idealisierenden Heiligenviten zu beachten, daß eine biblische Stelle – gelegentlich sogar im Wortlaut – als Vorbild gedient haben mag; gemeint ist der zweite Brief des Apostels Paulos an Timotheos, in dem letzterer aufgefordert wird, an dem Gelernten festzuhalten: *... denn du kennst von Kindheit an die heiligen Schriften* (ἱερὰ γράμματα) (2. Tim. 3, 15); und bei dieser biblischen Unterweisung ist immer auch an die Vermittlung von Grundkenntnissen durch die Eltern in Betracht zu ziehen. So berichtet der Historiker Sokrates Scholastikos (n. 381–n. 439) in seiner Kirchengeschichte zu der „gemischten" Ausbildung des Eusebios, des Bischofs von Emesa (um 300–v. 359): *Von früher Jugend an hat er die heiligen Schriften* (ἱερὰ γράμματα) *gelernt, dann wurde er in der heidnischen Schulbildung* (τὰ Ἑλλήνων) *unterwiesen und schließlich in den heiligen Schriften* (ἱερὰ βιβλία) *genau unterwiesen* (ἡρμηνεύθη)[14].

Der Befund der Papyri

Um das Festhalten an dem Schulkanon zu unterstreichen, ist schließlich auf den papyrologischen (und in weiterer Folge den handschriftlichen) Befund hinzuweisen, der sehr deutlich macht, dass das Auftreten des Christentums zu keiner nachhaltigen Zäsur in den Abschriften der Klassikertexte führt[15], nur insofern, als das klassische Repertoire – auch bedingt durch die nur teilweisen Umschriften in Pergamentcodices – nun fast vollständig auf den Kanon eingeschränkt wurde. Die folgende Auflistung zeigt recht eindrucksvoll, dass „Klassiker" auch mit dem Christentum ihren festen Platz im Schulunterricht hatten[16]:

3. Jh.:	65 (klassische Autoren) —7 (Bibel, u. a. in Verbindung mit klassischen Autoren)
4. Jh.:	58 – 12
5. Jh.:	35 – 12
6. Jh.:	35 – 19
7. Jh.:	19 – 26 (genereller Rückgang des Griechischen, Beginn der arabischen Periode)
8. Jh.:	3 – 6

Fallbeispiele Grammatik: Dionysios Thrax, BnF Arm. 332

Sehr anschaulich kann die Kontinuität auch an dem Grammatiklehrbuch schlechthin, der τέχνη γραμματική des Dionysius Thrax (100 v.Chr.), gezeigt werden. Das Grundgerüst wurde in der Folgezeit immer wieder durch literarische Beispiele erläutert[17]; dabei wird stets auf den klassischen Kanon zurückgegriffen. Der einzige Versuch, dazu Vergleiche aus dem christlichen Bereich heranzuziehen, blieb ein byzantinischer Kommentar unsicheren Datums (erster handschriftlicher Textzeuge aus dem 9./10. Jh)[18].

Ergänzend dazu ist ein bemerkenswerter Papyrus in Armenisch zu erwähnen; es handelt sich dabei um den einzig erhaltenen armenischen Papyrus in der Bibliothèque Nationale in Paris (BnF Arm. 332) in vier Fragmenten aus dem Zeitraum des 5. bis 7. Jh.; er überliefert griechische Schultexte (Sentenzen, Konjugationen, Wortlisten und Rhetorische Übungen) in armenischen Buchstaben[19]. Dass ins Armenische auch das Grammatiklehrbuch des Dionysios Thrax übersetzt wurde, sei hier nur der Vollständigkeit halber erwähnt[20].

Schultexte im Koptischen

Ganz anders zu bewerten sind die auf Papyri und Ostraka überlieferten Schultexte mit Bibelstellen in koptischer Sprache. Die koptische Literatur ist rein christlich[21] —, bzw. handelt es sich zunächst um Übersetzungen aus dem Griechischen. Der klassische griechische Schulkanon wurde in das Koptische niemals übersetzt, sieht man von einigen Texten ab, die eine Nähe zu christlichem Gedankengut hatten, wie die Sprüche (*Monostichoi*) des Menander[22]. Die eigensprachliche Literatur wurde in den theologischen Auseinandersetzungen mit Konstantinopel und der Loslösung vom byzantinischen Kaiser forciert. Auch gab es für den „Studenten" des Koptischen keinen Anschluss an die sprachlichen Grundlagen im alten Ägypten.

Koptische Schultexte sind daher auch fast vollständig theologischer Natur. Raffaela Cribiore hat dazu einige grundlegende Bemerkungen gemacht, die hier kurz zusammengefasst seien[23]: Solche dem Schulbereich zugeschriebene Texte können allerdings immer auch als Schreibübungen von Mönchen angesehen werden, sind damit also keine wirklichen Schultexte. Besonders hat sie auf das Fehlen von Grammatikübungen hingewiesen. Auch dabei ist eine andere Ausrichtung des koptischen Unterrichts intendiert: Das Koptische wurde nicht bis zu einem Niveau gelehrter Disputationsmöglichkeit unterrichtet. Wo Schriftsteller rhetorische Gewandtheit zeigen, geht diese auf Belesenheit der patristischen Literatur oder auf eine Bildung in einer griechischen Schule zurück; zudem bezeugen bilingue Schultexte die Koedukation in griechischer und koptischer Sprache.

Biblische Schultexten: die Primärquellen

Der vergleichende Blick auf die Unterrichtsweise in vorchristlicher Zeit, wofür am zweckmäßigsten die authentischen Zeugen zu konsultieren sind[24], führt die einzelnen Schritte vom Erlernen der einzelnen Buchstaben, des Alphabets und das monotone Training in den Syllabaren, die Ergänzung der Syllabare zu ganzen Wörtern, die Deklinations- und Konjugationsübungen, die ersten Prüfungen in Diktaten, Abschreibübungen aus den klassischen Schulautoren, voran Homer sowie freie Themenbehandlungen vor Augen. Neben diesem traditionellen Bildungsgang ist auch der Lernweg ins Kalkül zu ziehen, mit dem der Berufsschreiber an sein Handwerk herangeführt wird. Hier tragen Routinetexte aus dem Alltag jene Rolle, die die Schulautoren sonst tragen. Mit dem Aufkommen und mit der Verbreitung des Christentums ändert sich am Basisunterricht nichts. Aber für Abschreibaufgaben und sicher auch für Aufgaben in Diktatform treten verstärkt Bibeltexte auf. Und, man könnte nahezu von einem veränderten ökonomischen Bewusstsein sprechen, es werden nun mit großer Vorliebe als Beschreibstoff die einfachen Tonscherben, Ostraka, benützt. Besonders im Koptisch-Unterricht sind Ostraka mit Bibelstellen in beachtenswerter Zahl vertreten. Es ist zwar das Motiv bzw. der Anlass für die Abschrift einer Bibelstelle nie wirklich sichtbar. Da aber die Kategorie „Textausgabe" sicher ausscheidet und der bescheidene Umfang entweder für ausschließlich private Verwendung spricht oder da nie mehr als ein kurzer Abschnitt mit Schreibfehlern und unsicheren Buchstabenformen geschrieben ist, kann die Textkategorie „Schreib- bzw. Schulübung" angegeben werden. Wenn es sich um Tonscherben als Beschreibstoff handelt, kann man davon ausgehen, dass keine Amulettverwendung vorliegt.

Griechische Bibeltexte als Übungsgegenstand

Greift man nochmals auf die vorchristliche Zeit zurück und versucht ein Bild über die Themen der Abschreibaufgaben zu gewinnen, führen alle Wege in überwiegender Zahl zu Homer, zu jenem Autor, der der klassische Schulautor war. An dessen Stelle tritt nun die Bibel. Über die im folgenden präsentierten Übungen mit Bibeltexten von Lernenden verdient ein Ostrakon, das dem Unterricht zugehört, spezielle Beachtung (**Katalognummer 32**): Auf ihm sind nach der Art von Unterrichtspunkten oder von elementaren Fragen gleichsam die Antworten zusammengestellt. Sie besagen[25]:

Matthäus ist der erste [Evangelist]. Er schrieb sein Evangelium [in …].

Markus ist der zweite [Evangelist]. Er schrieb sein Evangelium in […], das ist Rom, [indem er der Interpret des] Petrus [ist.]

Lukas [ist der dritte] Evangelist. Er [schrieb sein Evangelium] in Syrien, das ist […].

Johannes ist der [vierte] Evangelist. Er schrieb [sein Evangelium] in Ephesos […] in den Bibliotheken. Amen. † † †

Ich kann nicht […] das Buch […] Segen komme über dich […"

Der pädagogische Hintergrund ist evident.

Gleichzeitig mit der Verbreitung des Christentums und mit der Übersetzung der Bibeltexte in die ägyptische Nationalsprache, ins Koptische, finden auch koptische Bibeltexte Eingang in den Unterricht. Die respektable Zahl von Zeugen des Koptisch-Unterrichts[26] machen deutlich, dass es neben den Schulen, in denen die erlernte Sprache das Griechische war[27], auch solche gegeben hat, in denen Koptisch gelehrt wurde.

Schulheft mit Psalmen

Ein besonders anschauliches Objekt ist ein kleines Heft aus vier Doppelblättern[28] (**Katalognummer 25**), das einerseits der Größe nach dem Schulmilieu angehört, andererseits aufgrund der geschriebenen Texte, darunter Alphabetübungen und Psalm 33, 9–15, eine einfache Strichmännchenzeichnung und eine bisher nicht erkannte Rechenübung[29]. Dabei ist der wesentliche Aspekt, dass neben den reinen Übungen zur Beherrschung der Schrift auf einer Seite die Mathematik das ausschließliche Thema darstellt.

Den Hauptteil nimmt jedoch die Abschrift des Psalms ein. Es fällt dabei auf, dass der Text fehlerfrei ist. Dies gibt wiederum Anlass zu der Feststellung, dass sowohl die Leistung des Abschreibers untadelig wie auch die Vorlage ein fehlerfreies Exemplar, auf jeden Fall für den Psalm 33, gewesen ist.

Denn er spricht, und es geschieht; er befiehlt, und es steht da!

Der Herr zerbricht den Ratschluß der Heiden, vereitelt die Pläne der Völker.

Der Ratschluß des Herrn hat ewig Bestand, seines Herzens Pläne gelten für alle Geschlechter.

Selig das Volk, dessen Gott der Herr ist, die Nation, die er sich zum Erbteil erwählte!

Vom Himmel herab schaut der Herr; er sieht auf alle Menschen.

Von der Stätte, da er thront, blickt er nieder auf alle Bewohner der Erde.

Er hat ja ihre Herzen insgesamt gebildet; er merkt auf alle ihre Taten.

Pater noster (Mt. 6, 9–13)

Dieser Papyrus P.Vindob. L 91 (**Katalognummer 24**) aus dem 6. Jh.[30], der auf der Vorderseite unentzifferte Reste eines sog. byzantinischen Protokolls enthält (es ist sehr wahrscheinlich, dass es die Autorisierung der Papyrusrolle für den Verkauf darstellt. Diese Protokollblätter wurden fast ausschließlich für private Zwecke und für Amulette verwendet), enthält wenige Zeilen den lateinischen Text des *Pater noster*, der abwechselnd mit lateinischen und mit griechischen Buchstaben geschrieben (magische Funktion wird kaum glaubhaft sein) ist. Es könnte eine Erklärung darin zu finden sein, dass jemand den lateinischen Text beherrschen will, aber mit der griechischen Schrift besser umzugehen weiß. Damit stünde der Übungscharakter im Vordergrund.

Koptische Bibeltexte als Übungsgegenstand

Matthäus 15, 25–28 in koptischer Übersetzung

Einen tiefen Einblick in den Alltag des Schullebens vermittelt eine nur 8,7 × 7,5 cm große Tonscherbe (**Katalognummer 31**). Sie ist in zweiter Verwendung von schon geübter Schreiberhand mit Mt. 15, 25–28 beschrieben. Vorher war das Stück Keramik mit einem anderen, heute nicht mehr erkennbaren Text beschrieben (als einzige Wörter hat W. C. Till in der Editio princeps[31] „Feind" und „Röcheln [?] des Todes" entziffert. Es war wohl auch ein „literarischer" Text, d. h. kein Alltagstext mit realem Hintergrund). Die Not an Beschreibstoff muss sehr groß gewesen sein, dass man das billigste Material, nämlich zerbrochene Keramik, verwendet hat und dies dann durch Abwaschen des nicht mehr gebrauchten Textes neu beschreibbar machte. Wenn man die Frauge stellt, was die Gründe für die Abschrift eines Auszuges des Matthäusevangeliums sein können, muss festgestellt werden, dass der Schreiber kaum als Motiv die Beherrschung oder gar Verbesserung der Schrift gehabt haben kann. Es ging ihm eher um den Text, so als wäre die Tonscherbe eine Gedächtnisstütze, ein geeignetes *Pro memoria*.

Sie (d. i. die kananäische Frau) *aber kam, fiel vor ihm nieder und sprach: „Herr. hilf mir!". Er antwortete: „Es ist nicht recht, das Brot der Kinder zu nehmen und es den jungen Hunden vorzuwerfen". Sie aber sprach: „Doch, Herr, denn auch die jungen Hunde fressen von den Brosamen, die vom Tisch ihrer Herren fallen." Da antwortete ihr Jesus: „Frau, groß ist dein Glaube; es geschehe dir, wie du verlangst." Und ihre Tochter war gesund von jener Stunde an.*

III Könige 9, 3–5 in saidischer Version

Ein geringfügig beschädigtes Ostrakon enthält einen kurzen Ausschnitt aus III Könige 9, 3–5[32]. Der abrupte Beginn im V. 3 und der unvollständige Zustand der Tonscherbe lassen die Vermutung zu, dass nicht nur entlang der rechten schräg verlaufenden Bruchkante, sondern auch oben ein Teil verlorenen gegangen ist. Es ist eines der nicht allzu häufig auftretenden Ostraka, dessen beide Seiten beschrieben wurden. Für die Textfortsetzung auf der Innenseite wurde das billige Stück um seine horizontale Achse gedreht, so dass Vorder- und Rückseite zueinander kopf stehen. Wie schon für die vorige Katalognummer festgestellt wurde, besticht auch dieses Objekt durch die Klarheit der Schrift. Als Erklärung sind ähnliche Überlegungen, wie eben davor dargestellt, ins Kalkül zu ziehen.

Das Ostrakon erhält zusätzliche Bedeutung, weil die Übersetzung ins Sahidische für diese Passage bisher nicht erhalten war.

Der möglicherweise fehlende Teil am Beginn würde lauten:

Als Salomo den Bau des Herrentempels und des Königspalastes vollendet und all seine Baupläne nach Wunsch verwirklicht hatte, da erschien ihm der Herr zum zweitenmal, wie er ihm zu Gibeon erschienen war.

Der erhaltene Teil setzt ein mit:

Der Herr sprach zu ihm: „Ich habe dein Gebet und dein Flehen, das du zu mir emporgeschickt hast, vernommen. Geweiht habe ich dieses Haus, das du erbaut hast. Hier will ich für immer meinen Namen wohnen lassen. Meine Augen und mein Herz werden ständig hier verweilen. Wandelst du nun vor mir wie dein Vater David mit vollster Hingabe und Aufrichtigkeit, tust du alles, was ich dir geboten habe, befolgst du meine Satzungen und Gebote, dann befestige ich den Thron deines Königtums über Israel für immer, wie ich es deinem Vater David verheißen habe, indem ich sprach: 'Nie soll es dir an einem männlichen Nachkommen auf dem Thron Israels fehlen.'"

Psalm 37, 37–38,1

Auf dieser Tonscherbe, die mit 18,5 × 14 cm zu den größeren zu zählen ist, liest man ab Z. 5 den Vs 37f. aus Psalm 37 (**Katalognummer 30**). In den ersten vier unvollständigen Zeilen stehen Textteile, die nicht zu Ps. 37 gehören. Ihre Bedeutung ist bis dato nicht geklärt[33]. W. Till vertritt in der Editio princeps die Ansicht, dass „die Schrift selbst, die Schreibfehler und die wohl absichtliche Wiederholung eines Verses zeigen", dass eine Schreibübung vorliege. Hinsichtlich der Qualität der Schrift wird man nicht von einem Anfänger sprechen dürfen. Und was nun gerade die sprachlich korrekte Schreibung anbelangt, sind Schreibfehler in koptischen Texten als Qualitätsmerkmale für Schreibübungen nicht reklamierbar. Anders verhält es sich mit der Verswiederholung. Sie mag man zutreffend dem Erlernen und Üben eines Textes zuordnen. Es bleibt der Eindruck, dass nicht schulische Aufgabenstellung das Motiv für die Psalmabschrift auf dem Ostrakon war, sondern privater Antrieb.

Die kopierte Passage lautet:

Bewahre die Unschuld und übe Redlichkeit! Denn eines solchen Mannes Zukunft ist Heil. Doch die Gottlosen werden restlos vertilgt; die Zukunft der Frevler ist Untergang.

Man könnte die Meinung vertreten, dass diese aus Ps. 37 gewählte Passage gnomischen Charakter hat und sich wohl einer gewissen Bekanntheit rühmen konnte.

Psalm 1, 1–2

Gut vergleichbar mit dem oben zitierten Schulheft und der griechischen Schreibübung des Psalms 33 sind zwei Doppelblätter aus Papyrus, auf dem u. a. Ps. 1, 1–2 Übungsgegenstand ist[34] (**Katalognummer 27**). Besonders hervorzuheben ist, dass ein Reststück einer arabischen Urkunde in der Größe für ein Schülerheft im Kleinformat genügte – man sieht wieder einmal den sparsamen Umgang mit dem Schreibstoff – und dass auf einer Seite Federproben oder misslungene Buchstaben stehen; auf einer anderen Seite ist eine der üblichen Briefeinleitungen (*Im Namen Gottes vor allen Dingen. Ich Kolthe, Sohn des Senuth*), also ein alltäglicher Text, übungshalber geschrieben. Auf einer weiteren Seite findet sich dann der Beginn der koptischen Übersetzung von Ps. 1, 1–2, die auf einem weiteren Doppelblatt (von dem nur eine Seite beschrieben wurde, die drei weiteren blieben ungenützt) fortgesetzt wurde. Am auffälligsten ist ohne Zweifel, dass die Schrift keine Kalligraphie, sondern Kursive ist. Daraus folgt, dass für den Berufsschreiber, der sich der Alltagsschrift bediente, zu Übungszwecken Bibeltexte geeignet waren. Damit wird man vielleicht den Schritt aus dem „organisierten" Schulunterricht wagen dürfen und die Vermutung aussprechen, dass aus Gründen der beruflichen Absicherung und der im Schreiberberuf geforderten Versiertheit Übung unerlässlich war, für die hier Psalm 1 geeignet erschien.

Das ist der Psalm Davids. Selig der Mann, der nicht im Rat der Gottlosen wandelt, sich nicht auf den Pfad der Sünder stellt noch im Kreise der Lästerer sitzt, vielmehr am Gesetz des Herrn seine Freude hat, …

Anmerkungen

1 Vgl. dazu H. I. Marrou, *Geschichte der Erziehung im klassischen Altertum* (dt. Übers. Ch. Beumann), Freiburg–München 1957 (Nachdr. im dtv-Verlag München 1977), 273–422; T. Morgan, *Literate education in the Hellenistic and Roman world*, Cambridge 1998; R. Cribiore, *Gymnastics of the Mind. Greek education in Hellenistic and Roman Egypt*, Princeton–Oxford 2001, 50–59, 160–244.

[2] Dazu liegen Quellensammlung von H. Harrauer und P. J. Sijpesteijn, *Neue Texte zum antiken Unterricht* (MPER NS XV), Wien 1985 und M. Hasitzka, *Neue Texte und Dokumentation zum Koptisch-Unterricht* (MPER NS XVIII), Wien 1990 vor. – Eine literarische Reminiszenz auf die erste Stufe behandelt J. Diethart, *Reminiszenzen an die Schule bei Pseudo-Chrysostomos?*, Tyche 6 (1991) 45–46.

[3] H. Hunger, *Schreiben und Lesen in Byzanz. Die byzantinische Buchkultur*, München 1989, 76–85 (Schreiben in der Schule).

[4] Vgl. P. Lemerle, *Le premier humanisme byzantin. Notes et remarques sur enseignement et culture à Byzance des origines au Xe siècle* (Bibliothèque Byzantine, Études 8), Paris 1971, 97–108; C. Scholz, *Graecia Sacra. Studien zur Kultur des mittelalterlichen Griechenland im Spiegel der hagiographischen Quellen* (Studien und Texte zur Byzantinistik, Bd. 3), Frankf. a. Main–Berlin–Bern–New York–Paris–Wien 1997, 163–175; zum Schreiben der Buchstaben siehe auch in der Vita des Patriarchen Methodios I. v. Konstantinopel (*787, † 847) (Kap. 1: PG 100, 1245A–B).

[5] Vgl. F. Fuchs, *Die höheren Schulen von Konstantinopel im Mittelalter* (Byzantinisches Archiv, Heft 8), Leipzig–Berlin 1926, 42–43.

[6] Vgl. dazu Ch. Gastgeber, *Die Überlieferung der griechischen Literatur in Byzanz*, in: E. Pöhlmann (Hrsg.), *Einführung in die Überlieferungsgeschichte und in die Textkritik der antiken Literatur*, Bd. II: *Mittelalter und Neuzeit*, Darmstadt 2003 (in Druck; Kap. III 1).

[7] Mailand, Biblioteca Ambrosiana, Codex F 205 P. inf.

[8] Vgl. Cribiore, *Gymnastics* (s. Anm. 1), 178–180.

[9] Abfragbar unter der Internetadresse *http://ldab.arts.kuleuven.ac.be/index2.html.*

[10] R. A. Pack, *The Greek and Latin Literary Texts from Greco-Roman Egypt*, Ann Arbor 21965, Nr. 2732.

[11] Pack, *Literary Texts* (s. Anm. 10), Nr. 1619.

[12] Pack, *Literary Texts* (s. Anm. 10), Nr. 1582.

[13] Vgl. Scholz, *Graecia Sacra* (s. Anm. 4). Vgl. genereller zur christlichen (moralischen) Erziehung M. Gärtner, *Die Familienerziehung in der Alten Kirche. Eine Untersuchung über die ersten vier Jahrhunderte des Christentums mit einer Übersetzung und einem Kommentar zu der Schrift des Johannes Chrysostomus über Geltungssucht und Kindererziehung*, Köln–Weimar 1985; D. K. Buell, *Making Christians. Clement of Alexandria and the Rhetoric of Legitimacy*, Princeton, New Jersey 1999; selbstverständlich wird nun eine der christlicher Lebenseinstellung entsprechende Erziehung von den Kirchenvätern gefordert; wie dies in eigenen Schriften etwa Clemens von Alexandrien (ca. 140/150–220) in seinem Παιδαγωγός oder Ioannes Chrysostomos (ca. 349–14. 9. 407) in der Schrift *De inani gloria et de educandis liberis* ausdrücken.

[14] *Historia ecclesiastica* II 9, 2 (Sokrates. Kirchengeschichte, hrsg. V. G. Chr. Hansen [Die gr. christl. Schriftst. d. ersten vier Jh., N. F., Bd. 1], Berlin 1995, 98, Z. 11—15).

[15] Vgl. u. a. R. Cribiore, *A Homeric Exercise from the Byzantine Schoolroom*, Chronique d'Égypte 68 (1993) 145–154 (behandelt eine Holztafel mit Ilias A 468–473 aus dem 5. Jh.); H. G. Nesselrath, *Die Christen und die heidnische Bildung: Das Beispiel des Sokrates Scholastikos (Hst. Ecc. 3, 16)*, in: J. Dummer, M. Vielberg (Hrsg.), Leitbilder der Spätantike – Eliten und Leitbilder (Altertumswissenschaftliches Kolloquium, Bd. 1), Stuttgart 1999.

[16] Nach der Leuven Database of Ancient Books (s. Anm. 9).

[17] Ediert v. A. Hilgard, *Scholia in Dionysii Thracis arten grammaticam* (Grammatici graeci I 3), Leipzig 1901 (Ndr. Hildesheim 1965).

[18] Hilgard, *Scholia* (s. Anm. 17), XXXVII–XLI, 565–586.

[19] Vgl. dazu J. Clackson, *A Greek Papyrus in Armenian Script*, Zeitschrift für Papyrologie und Epigraphik 129 (2000) 223–258; derselbe, *A Greek Educational Papyrus in Armenian Script*, Atti del XXII congresso internazionale di papirologia, Firenze 23–29 agosto 1998, a cura di I. Andorlini, G. Bastianini, M. Manfredi, G. Menci, Vol. I, Florenz 2001, 207–218.

[20] Vgl. A. Merx, *De artis Dionysianae interpretatione Armeniaca*, in: G. Uhlig, *Dionysii Thracis ars grammatica* (Grammatici Greci I 1), Leipzig 1883 (Ndr. Hildesh. 1965), LVII–LXXIII.

[21] Vgl. dazu den Überblick bei T. Orlandi, *Koptische Literatur*, in: *Ägypten in spätantik-christlicher Zeit. Einführung in die koptische Kultur*, hrsg. v. M. Krause, Wiesbaden 1998, 117–147; s. auch dslb., *I Vangeli copti*, in: *I Vangeli dei Popoli. La Parola e l'immagine del Cristo nelle culture e nella storia*, a cura di F. D'Aiuto, G. Morello, A. M. Piazzoni (Biblioteca Apostolica Vaticana), Vatikan 2000, 47–52.

[22] Zur Romanliteratur vgl. C. Detlef, G. Müller, *Romances*, The Coptic Enciclopedia 7 (1991) 2059–1060.

[23] R. Cribiore, *Greek and Coptic Education in Late Antique Egypt*, in: *Ägypten und Nubien in spätantiker und christlicher Zeit.* Akten d. 6. Internationalen Koptologenkongresses, Münster, 20.–26. Juli 1996, hrsg. v. St. Emmel, M. Krause, S. G. Richter, S. Schaten, Bd. 2: Schrifttum, Sprache und Gedankenwelt (Sprachen und Kulturen des christlichen Orients, Bd. 6, 2), Wiesbaden 1999, 279–286.

[24] Vgl. dazu die Anm. 2 genannte Literatur.

[25] P. Vindob. KO 391 (Katalognummer 32), 7. Jh. W. C. Till, *Die koptischen Ostraka der Papyrussammlung der ÖNB*, Wien 1960 (Öst. Akad. d. Wiss., Phil.-hist. Kl., Denkschr. 78, 1), Nr. 8; auch in H. Buschhausen, U. Horak, H. Harrauer, *Der Lebenskreis der Kopten*, Wien 1995 (MPER NS XXV), Nr. 92.

[26] Die meisten dieser Texte sind leicht zugänglich und mit vielen Abbildungen begleitet von Hasitzka, *Neue Texte* (s. Anm. 2). Besonders lehrreich sind Nr. 188–218.

[27] Siehe das einschlägige Material bei Harrauer, Sijpesteijn, *Neue Texte* (s. Anm. 2).

[28] P. Vindob. G 29274 (Katalognummer 25), Heftgröße 5 cm hoch, 4,9 cm breit, 5. Jh.: P. Sanz, *Griechische literarische Papyri christlichen Inhalts* I, Wien 1946, Nr. 24 (MPER NS 4). Auch bei J. Henner, H. Förster, U. Horak, *Christliches mit Feder und Faden*, Wien 1999 (Nilus 3), Nr. 42. Hinsichtlich des Kleinformates kann auch auf einen Diktat-Papyrus gleichen Ausmaßes hingewiesen werden: MPER NS XV 120.

[29] Edition von Federico Morelli und H. Harrauer in Tyche 17 (2003).

[30] Harrauer, Sijpesteijn, *Neue Texte* (s. Anm. 2), Nr. 184; s. dazu A. Martin, *P. Vindob. L 91. Un fragment du Pater latin*, Latomus 42 (1983) 412–418 (Deutung als Amulett).

[31] P. Vindob. KO 474 (Katalognummer 31), 8. Jh.: Till, *Koptische Ostraka* (s. Anm. 25), Nr. 5a; auch in Buschhausen, Horak, Harrauer, *Lebenskreis* (s. Anm. 25), Nr. 87.

[32] P. Vindob. KO 233, 7./8. Jh.: Till, *Koptische Ostraka* (s. Anm. 25), Nr. 1; auch in Buschhausen, Horak, Harrauer, *Lebenskreis* (s. Anm. 25), Nr. 91.

[33] P. Vindob. KO 595 (Katalognummer 30), 7. Jh.: Till, *Koptische Ostraka* (s. Anm. 25), Nr. 3; Text unverändert auch bei Hasitzka, *Neue Texte* (s. Anm. 2), Nr. 188.

[34] P. Vindob. K 1540 a (Katalognummer 27), b: Ed. pr. K. Wessely, in SPP XV 228; erste vollständige ed. in M. Hasitzka, *Neue Texte und Dokumentation zum Koptisch-Unterricht*, Wien 1990 (MPER NS XVIII), Nr. 189.

Abb. Seite 72/73:
In diesem Papyrushaufen liegen Papyrusfragmente und Papierblätter durcheinander. Auf den Papyri sind vereinzelt hieratische Schriftreste zu erkennen, während das Papierblatt rechts vorne in arabisch beschrieben ist. Der Haufen zeigt sehr typisch, wie die Funde am Ende des 19. Jh. von Ägypten in die verschiedensten Sammlungen und Museen gelangt sind.

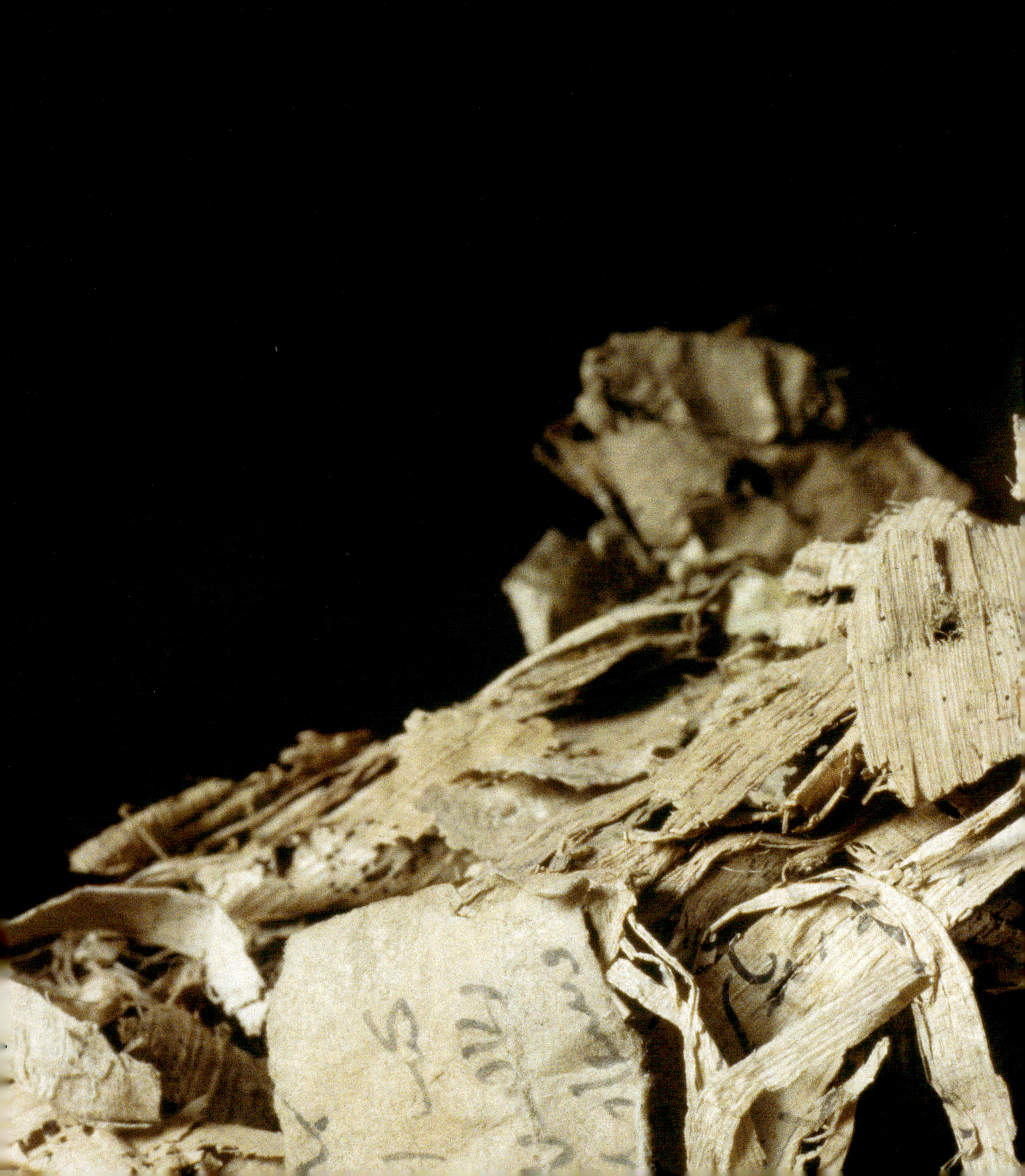

Johannes Koder

Romanos der Melode
Der Dichter himmlicher Bibelpredigten in Dokumenten seiner Zeit

Romanos der Melode und die Bibel

Lasset uns die Gnade und den Weg suchen, die in der Heiligen Schrift enthalten sind,
denn sie ist für alle ein Wegweiser der unvergänglichen Hoffnung!
Bringt doch jede Schrift Nutzen,
die von Gott eingegeben ist.
Vor Christus, dem Retter, wollen wir uns hinwerfen und hingebungsvoll rufen:
König der Könige, Du Menschenliebender, gib allen die Erkenntnis!
Führe uns zu Deinen Geboten,
damit wir den Weg des Königtums erkennen!
Denn wir sehnen uns danach, ihn zu beschreiten und sie zu empfangen,
die unvergängliche Krone!

Mit diesen Worten appellierte Romanos der Melode (*melodós:* „Dichter, Komponist und Sänger", „Schöpfer von kirchlichen Hymnen") im Hymnus „Auf die zehn Jungfrauen"[1] an die Gläubigen, in den Evangelien („in dieser heiligen Schrift") den Weg der Gnade zu suchen. Durch den Bezug auf den zweiten Timotheosbrief (Zeile 4: 2 Timotheos 3, 16) erweiterte er seinen Hinweis auf die gesamte, der göttlichen Inspiration zu verdankende Heilige Schrift, er schließt also das Alte Testament mit ein und bestärkte dies durch das anschließende Psalmenzitat (Zeile 7: Psalm 118, 35). Betrachtet man das umfangreiche Œuvre des Romanos Melodos, so besteht kein Zweifel hinsichtlich der allgemeinen und hohen Wertschätzung, die er der Heiligen Schrift entgegenbrachte.

Fast ausnahmslos gehören die Hymnen des Romanos Melodos jener Dichtungsform an, welche die Byzantiner später als „Kontakion" bezeichneten, wobei die exakte Entwicklung hin zu dieser Bedeutung des Wortes nicht geklärt ist, denn das *kontákion* ist eigentlich der Stab, um den das mit einem (liturgischen) Text beschriebene Pergament (in Form eines *eiletárion*, einer Rolle) gerollt wurde. Im Sinne dieser spezifischen Hymnenform begegnet das Wort Kontakion vermutlich erst, als die Byzantiner auch in der liturgischen Praxis längst von der Rolle zur Buchform, dem Codex, übergegangen waren. Daher bezeichneten sie dann auch den Codex bzw. das Buch, in dem sie die Kontakia sammelten als *kontakárion*.

Inhaltlich könnte man das nach syrischen Vorbildern, auf der Grundlage griechischer und syrischer formaler Elemente gestaltete Kontakion als poetische Predigt bezeichnen, die sehr oft in Dialogform gehalten ist und meistens mit einem Schlussgebet (der letzten Strophe) endet. Der syrische Einfluss ist zunächst allgemein auf die vielfältigen und intensiven Kontakte zwischen griechischen und syrischen Theologen im Osten des Byzantinischen Reiches in vorislamischer Zeit und auf die damals in den gebildeten Schichten verbreitete Zweisprachigkeit (oft auch Mehrsprachigkeit) zurückzuführen[2]. Diese syrische Komponente ist aber auch konkret damit zu erklären, dass Romanos, worauf schon sein Namen hindeutet, Syrer war.

Im letzten Viertel des 5. Jahrhunderts, wohl um 485, in Emesa (heute Homs in Syrien) von christlichen Eltern geboren, erfuhr Romanos seine Ausbildung in Berytos (heute Beirut im Libanon), wo er zum Diakon geweiht wurde. Er kam in der Zeit des den Monophysiten freundlich gesinnten Kaisers Anastasios I. (reg. 491–518) nach Konstantinopel, wo er sich in der Marien-Kirche in der Stiftung eines sonst nicht bekannten Patriziers Kyros (vielleicht dem späteren Kyriotissa-Kloster[3]) niederließ, wenngleich er höchstwahrscheinlich nicht Mönch war[4]. Er zählte auch den Kaiser Justinian I. (reg. 527–565) zu seinen Auftraggebern, was beispielsweise aus dem Hymnus „*Auf jegliches Erdbeben und Feuer*“[5] deutlich wird, den Romanos anlässlich der Vollendung des Neubaues der Sophien-Kirche in Konstantinopel (537) schuf. Er dürfte bereits zu Lebzeiten angesehen und bekannt gewesen sein und starb wahrscheinlich vor (Ende) 562, da der „offizielle“ Hymnus „*Auf die zweite Einweihung der Sophien-Kirche*“ (am 24. Dezember 562 – nach einem teilweisen Kuppeleinsturz im Jahr 558 war eine Erneuerung notwendig geworden) von einem anderen Meloden verfasst wurde.

Die Hymnenform des Kontakion wurde nicht von Romanos Melodos „erfunden“, denn es gibt einige Kontakia und dem Kontakion ähnliche Hymnen, die mit großer Wahrscheinlichkeit vor Romanos' Zeit entstanden[6], darunter der berühmte *Akáthistos hýmnos*[7], doch ist Romanos unbestritten der bedeutendste Schöpfer dieser liturgischen Hymnen, nicht nur weil so viele Kontakia unbezweifelbar ihm zugeschrieben werden können, sondern vor allem auch wegen der dichterischen Qualitäten und der Originalität, die ihn zum Vorbild für die Zeitgenossen und die Nachwelt werden ließen. Formal besteht das Kontakion aus metrisch gleich gebauten Strophen, den *oíkoi*[8], die in ihrer Zahl unterschiedlich sein können, wobei Romanos Melodos achtzehn bevorzugt und meist nicht über 24 Oikoi hinausgeht. Der letzte Oikos hat fast immer die Funktion eines Schlussgebetes. Die Oikoi sind durch eine Akrostichis verbunden, die sich aus der Aneinanderreihung der ersten Buchstaben der Oikoi ergibt und aus einem oder mehreren Wörtern besteht; sie enthält oft einen Hinweis auf den Autornamen (z. B. „*Ode des Romanos*“ oder „*Hymnos des Sünders*“). Am Beginn des Kontakion steht, gewissermaßen als Einleitung, ein meist kurzes Prooimion (manchmal auch zwei oder drei Prooimia), das in einem anderen Metrum verfasst ist als die Oikoi. Diese sind mit jenem formal durch den beiden gemeinsamen Refrain verbunden, weshalb vermutet werden darf, dass ursprünglich am Beginn des Hymnus lediglich der Refrain rezitiert wurde, um ihn mit der Gemeinde einzuüben, und dass sich daraus das Prooimion entwickelte. Die Metren der Kontakia waren rein akzentuierend, sie orientierten sich also – wie beispielsweise auch die deutsche Metrik – am Wortakzent. – Die Metrik der Kontakia unterscheidet sich somit grundsätzlich von der quantitierenden Metrik der antiken griechischen Dichtung, bei welcher die Länge und Kürze der Silbe, nicht der Wortakzent, Gliederungsprinzip des jeweiligen Metrums ist.

Über die musikalische Gestaltung des Kontakion zur Zeit seiner Blüte im 6. und 7. Jahrhundert wissen wir sehr wenig, weil man erst ab dem 9. Jahrhundert in die Entwicklung der byzantinischen Musik dank erhaltener neumierter Musikhandschriften Einblick hat, also nach der Zeit, da die Musiknotation bereits durch Johannes von Damaskus († um 750) reformiert worden war und der Kanon das Kontakion als liturgische Hymnenform abgelöst hatte. Melodieführung und Metrum bei der Rezitation bzw. beim Gesang des Kontakion wurden durch den *heirmós* („Musterstrophe“, eigentlich „Reihe“, „Kette“) bezeichnet. Es gab vier „Tonarten“ (griech. *échos*) und vier von diesen „abgeleitete“ (griech. *plágios*), also insgesamt acht, deren Höhenlage, Schritte und festgelegte Formeln den Kantoren vertraut waren, so dass ihnen ein kurzer Hinweis am Beginn des Hymnentextes als orientierende Grundlage für ihren Gesang genügte[9].

Die Kontakia wurden zur Zeit des Romanos zur Gänze gesungen, und zwar an der Vigil, griech. *agrypnía*[10] (dem „Wachen“, scil. in der Nacht vor dem Fest), bzw. dem dieser im klösterlichen Gottesdienst entsprechenden *Orthros* von Hauptfesten, sowie an den Sonntagen und Mittwochen der großen Fastenzeit und der österlichen Zeit, näherhin wahrscheinlich am Ende der *Pannychís* (wörtlich: „der Ganznächtigen“), des nächtlichen Gebetsgottesdienstes, als *Asmatikós* (gesungenes Offizium). In der Messliturgie folgte dann das Kontakion der Verkündigung der Perikope des Evangeliums, sein Platz in der Liturgie entsprach also dem der heutigen Predigt[11]. Möglicherweise wurde es damals vom Ambon aus rezitiert, wobei vielleicht ein unter dem Ambon stehender Chor den Refrain sang[12] (Der Ambon symbolisiert den Stein, den der Engel vom Grab Christi wegwälzte, um die Auferstehung zu verkünden, der auf dem Ambon stehende Kantor daher diesen Engel). Die Darbietung in Form des Gesanges bzw. der Rezitation eines stark rhythmisierten Textes erhöhte die Wirkung auf ein Publikum, das ganz allgemein deutlich weniger reizüberflutet und stärker auf Gehörwahrnehmung ausgerichtet war als man dies von Menschen unserer Zeit erwarten kann[13]. Nur unbeabsichtigt und erst in zweiter Linie erreichte Romanos auch ein Lesepublikum. Das Kunstmittel des Dialoges ist im Kontakion vielfach so dominant, dass man an ein Drama mit verteilten Rollen erinnert wird[14]. Dieser Eindruck vertieft sich bei dem Meloden noch dadurch, dass er es durch seine Psychologisierung der handelnden Personen versteht, diesen besondere Lebendigkeit und Ausdruckskraft zu verleihen. So darf man annehmen, dass die Gläubigen in der Kirche nicht nur den Refrain, sondern auch ausgedehnte rhythmisierte Textpartien der Kontakia im Gedächtnis behielten.

Man kann die möglichst eindringliche Erklärung der jeweils im Verlauf der Liturgie zuvor vorgetragenen Evangelienstelle und deren authentische Interpretation als das originäre Ziel des Kontakion betrachten. Daher nimmt es nicht wunder, dass von den als authentisch betrachteten Hymnen des Romanos 46, also etwa drei Viertel, konkrete Ereignisse oder religiöse und ethische Postulate der Evangelien zum Ausgangspunkt nehmen und inhaltlich vertiefen[15]. Man hat bei diesen Hymnen kein Problem, jeweils die Evangelienperikope(n) festzustellen, die Romanos – oft in phantasievoller Weise ausschmückend und dennoch bibeltreu – paraphrasiert und kommentiert, um sie solchermaßen seinen Zuhörern näherzubringen. Die Kontakia des Romanos begleiteten die Gläubigen durch das gesamte Kirchenjahr; zu jedem Hochfest, das damals (bereits) gefeiert wurde, ist mindestens ein Hymnus von ihm erhalten[16]. Unter diesen 46 Hymnen fallen zwei insofern auf, als sie ungewöhnlich deutlich auf Apokryphen zurückgreifen. Es sind dies der Hymnus „*Auf die Geburt der Gottesgebärerin*“ (Hymnus 57 = 35 bei Maas–Trypanis), der inhaltlich weitgehend auf dem Protoevangelium des Jakobus und auf Pseudo-Matthäus beruht, und der vierte Auferstehungshymnus (Hymnus 43), der starke Bezüge auf die Pilatus-Akten aufweist[17].

Weitere neun Hymnen behandeln Ereignisse, die im Alten Testament überliefert sind[18]. Hier stehen Themen im Mittelpunkt, die in der christlichen patristischen Tradition als Vorbilder und Archetypen der im Neuen Testament erfüllten Heilsgeschichte galten: Adam und Eva, Noah, das Opfer Abrahams, Jakob, Joseph, Elias, die drei Jünglinge im Feuerofen, Ninives Buße. Auch diese Hymnen werden in der Kontakarientradition bestimmten Tagen des Kirchenjahres zugeordnet, vorzugsweise im Zeitraum der vierzigtägigen, „großen“, vorösterlichen Fastenzeit.

Die Bibel ist darüber hinaus — unabhängig von dem jeweiligen Thema eines Hymnus — im Werk des Romanos ständig gegenwärtige Hauptquelle. Aus dem Alten Testament zitiert er am häufigsten die Psalmen und Genesis, aus dem Neuen Testament die Evangelien des Matthäus, des Lukas und des Johannes[19]. Dabei ist erwiesen, dass Romanos zwar mit dem griechischen Text des Neuen Testaments (speziell dem in Antiocheia und Konstantinopel gebrauchten „Reichstext“) wohl vertraut war und ihn auch verwendete, dass er aber oftmals auf das (nicht erhaltene, aber durch den Kommentar Ephraims des Syrers teilweise erschließbare) syrische *Diatessaron* des Tatian zurückgriff bzw. daraus zitierte[20].

Das Neue Testament ist also die Grundlage der Glaubensdeutung des Romanos, während er weitergehenden (dogmatischen) Überlegungen von Theologen mit gewissen Vorbehalten gegenübersteht[21]. So sagt er einmal ausdrücklich (Hymnus 17.10.1–4):

Möchten wir doch erkennen, was uns zukommt! Nichts ist uns und dem über uns gemeinsam.

Nahe ist uns die Offenbarung: Was suchen wir weit von ihr abzuweichen, um zu erkennen?

Wir besitzen im Glauben, wonach wir streben: Was wanken wir?

Der Weg ist gerade. Keiner soll uns davon abbringen!

In seiner Evangelienexegese steckt sich Romanos insofern einen flexiblen Rahmen, als er dazu neigt, konkrete, biblische Szenen in den Mittelpunkt zu stellen, diese jedoch einerseits detailfreudig auszumalen und andererseits im Hinblick auf einen allgemeineren, über den Anlass hinausgehenden heilsgeschichtlichen Zusammenhang zu interpretieren. Hierbei lässt er in seinen Überlegungen oft große Eigenständigkeit erkennen, wobei er seine Gedanken gerne mit Zitaten aus Paulus-Briefen ausschmückt. Doch bedient er sich auch der Predigten der Kirchenväter, mit denen er wohl vertraut war, um seine Bilder zu entwickeln und seine Argumentationen auszubauen. Unter den Kirchenvätern bevorzugte Romanos: (Pseudo–)Johannes Chrysostomos, Origenes, Athanasios von Alexandreia, Basileios von Seleukeia, Klemens von Alexandreia und Kyrillos von Alexandreia[22].

Besonders sind hier die hymnischen Predigten Ephraims des Syrers hervorzuheben[23], denen er oft auch textlich sehr nahe steht. Mit ihm teilt er insbesondere die Überzeugung einer engen Beziehung zwischen Altem und Neuem Testament. Das Alte Testament weist bei ihm nicht nur *in toto* auf das Neue voraus, sondern es erweist auch in zahlreichen typologischen Vorbildern seine enge Verschränkung mit diesem[24]. Konsequent endet er dabei nicht in der Zeit des Wirkens und Leidens Christi auf Erden, der Zeit der Evangelien also, sondern er bezieht auch spätere heilsgeschichtliche Personen und Vorgänge mit ein: Im Hymnus „*Auf die*

Kreuzverehrung" (Hymnus 39.18) stellt der Patriarch Abraham mit seinen 318 Kämpfern gegen die vier Könige (Genesis 14, 14–16) ein Vorbild für Kaiser Konstantin den Großen mit den 318 Konzilsvätern von Nikaia, den Kämpfern gegen die vier Häresien[25] dar. Selbst Zeitgeschichte findet bei ihm ihren Platz: Im Hymnus „*Auf jedes Erdbeben und jede Feuerbrunst*" (Hymnus 54.14 und 21) wird der Bau des salomonischen Tempels in Jerusalem mit dem der justinianischen Sophien-Kirche in Konstantinopel verglichen[26], und die Erbeutung der Bundeslade durch die Philister (1 Samuel 4) wird dem Brand der ersten Hagia Sophia gegenübergestellt, die während des Nika-Aufstandes (532) ein Raub der Flammen wurde.

Die in den Hymnen so deutlich hervortretende Dialogform nützte Romanos, um sein Publikum, die Gläubigen, zu aktiven Teilnehmern der Liturgie werden zu lassen; sie stellt aber auch ein zusätzliches Bindeglied zwischen seinen Hymnen und der Bibel, besonders den Evangelientexten dar. Ein Beispiel hierfür ist der Hymnus „*Auf den Verrat des Petros*" (Hymnus 34), wo er sich gleich eingangs (Hymnus 34.1.5ff.) direkt an die Zuhörer wendet und sie einlädt:

Wenn es euch recht ist, wollen wir alle mit Petrus
in den Hof des Kaiaphas hingehen,
wollen Christus, wie einst Petrus, die Worte zurufen:
Ob Du aufs Kreuzesholz hinaufsteigst, ob Du ins Grab hinabsteigst —
wir wollen mit Dir leiden und sterben! Wir wollen Dir zurufen:
Eile, Du Heiliger, rette Deine Herde!

Ausführlich behandelt Romanos in diesem Hymnus dann die Voraussage der Verleugnung des Petrus auf dem Ölberg, wobei er erneut die Gläubigen anspricht und auf das Evangelium verweist (Hymnus 34.3.1–3):

Ihr Freunde Christi, die ihr von Petrus gehört habt, neigt mir nun euer Ohr,
vernehmt die Worte der Frohbotschaft und widmet ihnen eure Aufmerksamkeit!
Matthäus nämlich berichtet in dem von ihm geschriebenen Buch …

Der Großteil des Hymnus (Oikoi 12–18) beschreibt im Anschluss daran die Verleugnung des Petrus bis zum Hahnenschrei und der Reue des Apostels, in Ausmalung von Matthäus 26, 69–75. Abweichend vom Evangelium schließt freilich unmittelbar an den Verzweiflungsausbruch des Petrus („*… er ging hinaus und weinte bitterlich*", Matthäus 26, 75) dessen Gebet um Verzeihung, die Christus ihm – und allen Gläubigen – am Kreuz dann gewährt (Hymnus 34.20.1–6):

Der Barmherzige wurde durch die Tränen des Petrus besiegt und vergab ihm.
Denn er meinte Petrus, als er dort am Kreuz zum Räuber sprach:
Mein lieber Räuber, heute wirst du mit mir sein,
da Petrus mich verlassen hat!
Doch will ich ihm und dir und allen, die darum bitten,
mein Herz öffnen, weil ich die Menschen liebe.

Romanos der Melode in Dokumenten seiner Zeit

Laut den spärlichen biographischen Angaben über Romanos Melodos empfing Romanos die Gabe, Hymnen zu dichten, zu vertonen und zu rezitieren, durch ein Wunder der Gottesmutter: „*Es erschien ihm nämlich die heilige Gottesgebärerin am Abend der Geburt Christi im Traum, reichte ihm ein Papyrusblatt*[27] *und befahl ihm, dieses hinunterzuschlingen. Nachdem er es verschlungen hatte, erwachte er sogleich, bestieg den Ambon und begann zu singen und höchst melodisch »Die Jungfrau gebiert heute den über dem Sein Seienden« zu rezitieren*".

Der anonyme Biograph zitiert hier den Beginn des Prooimion des ersten Weihnachtshymnus, der somit am Beginn von Romanos' fruchtbarem Wirken als Melode stand, und er setzt fort: „*Seit damals also schuf er Kontakia auf die Herrenfeste und auf die Gedenkfeste verschiedener Heiliger, etwa tausend an der Zahl, von denen die meisten in seiner eigenhändigen Niederschrift in der Kyros-Stiftung aufbewahrt sind. Er starb in Frieden und wurde in selbiger Kirche begraben; dort wird auch seine Gedächtnisfeier begangen*"[28].

Laut der Synaxarnotiz wurden also Autographe der Hymnen des Romanos nach seinem Tod in der Kyros-Stiftung aufbewahrt; von ihnen ist nichts erhalten. Tatsächlich sind von den legendären „tausend Hymnen" unter dem Namen des Romanos etwa neunzig überliefert, von denen die Forschung heute etwa sechzig als echt anerkennt. Die große Masse des erhaltenen Textbestandes ist in byzantinischen Handschriften enthalten, von denen die für die Textgestaltung relevanten dem 10., 11. und 12. Jahrhundert angehören. Sie sind zwei unterschiedlichen Traditionssträngen zuzuordnen, einerseits den in großer Zahl in Handschriften erhaltenen liturgischen Büchern (*Menaía, Triódion, Pentekostári-*

on), die meist nur das Prooimion und den ersten Oikos eines Hymnus überliefern, andererseits speziellen Kontakia-Sammlungen, den sogenannten *Kontakária*[29], die nicht mehr unmittelbar liturgischen Zwecken dienten, sondern vielleicht als eine Art „Textreservoir" zu betrachten sind[30].

Angesichts einer Traditionslücke von fast einem halben Jahrtausend zwischen der Lebenszeit des Romanos und dem Einsetzen der handschriftlichen Tradition dürfen jedenfalls die wenigen erhaltenen Textfragmente, die bald nach Romanos, zum Teil vielleicht sogar zu seiner Zeit niedergeschrieben wurden, ein besonderes Interesse beanspruchen. Bislang sind die folgenden vier Fragmente — drei auf Papyrus und eines auf Pergament — mit kurzen Teilen seiner Hymnen bekannt, die sich ungefähr in der Schaffenszeit des Dichters oder wenig später datieren lassen[31]:

P. Vindob. G 26216 (Papyrus; veröffentlicht als *P. Amst. I 24*; **Katalognummer 69**): „*Auf die Geburt Christi*" (Hymnus 11), Oikoi 6 und 8 (zum Teil), gesungen am 26. Dezember[32]

P. Vindob. G 26225 (Papyrus; **Katalognummer 70**): „*Auf den Einzug in Jerusalem*" (Hymnus 32), Oikoi 6–10 (zum Teil), gesungen am Palmsonntag[33]

P. Vindob. G 26068 (Pergament; **Katalognummer 71**): „*Auf die Auferweckung des Lazarus*" (Hymnus 26), Prooimion und Oikos 1 (zum Teil), gesungen am Samstag der 6. Fastenwoche[34]

P. Vindob. G 29430 (Papyrus; **Katalognummer 68**): „*Auf die drei Jünglinge im Feuerofen*" (Hymnus 8), Oikos 6 (2. Hälfte), gesungen am 17. Dezember[35]

Alle vier in Wien aufbewahrten Fragmente werden in das 6. oder frühe 7. Jahrhundert datiert. Ihr Zustand lässt, wie ich meine, zumindest bei den drei Papyri offen, ob es sich tatsächlich nur um Einzelblätter mit Hymnenteilen[36] oder vielleicht doch um Reste von Codices oder Rollen für den liturgischen Gebrauch handelt, die den gesamten Hymnus (oder auch mehrere Hymnen), vielleicht auch eingebettet in weitere, auf das zugehörige Fest bezogene Texte, enthielten. Die Fragmente sind zunächst überlieferungsgeschichtlich insofern von Bedeutung, als sie den Text in kontinuierlicher – nicht kolometrischer – Anordnung bieten, wobei das Kolon-Ende oft durch einen hochgestellten Punkt markiert wurde. Letztere Tatsache stützt die Wiedergabe der Hymnen in den Editionen von Maas–Trypanis und Grosdidier de Matons und ihre (weitgehend übereinstimmenden) Versuche, die metrische Struktur der Hymnen zu rekonstruieren.

Weiters bestätigen die Fragmente durch ihre Textabweichungen aber auch die grundsätzliche Unsicherheit der editorischen Textgestaltungsmöglichkeiten, die ja fast ausschließlich nur auf den mittelalterlichen Romanos-Handschriften beruhen können. Nun wird man bei jedem Versuch, den Text aufgrund der wenigen frühen Fragmente zu verbessern, behutsam vorgehen und jeden Fall mit jeweils anderen, zusätzlichen Kriterien argumentativ stützen müssen[37]. Doch ist es bemerkenswert, dass beispielsweise der Papyrus P. Vindob. G 26216 (**Katalognummer 69**) den 7. Oikos des Hymnus 11 *nicht* enthält, den Karl Krumbacher bereits 1898 als unecht betrachtet hatte[38]. Zudem erscheint es allgemein auffällig, dass in einer bislang unterschiedlich getroffenen Grundsatzentscheidung der beiden kritischen Editionen von Maas-Trypanis und von Grosdidier de Matons, ob im Falle der – teilweise starken – textlichen Abweichungen in der Tradition einzelner Hymnen dem „westlichen" Traditionsstrang gegenüber dem der Kontakarien der Vorzug zu geben sei, der P. Vindob. G 29430 (**Katalognummer 68**) und der erst jüngst von Porter und Porter identifizierte P. Vindob. G 26225 (**Katalognummer 70**) deutlich zugunsten des ersteren[39] sprechen. Einen anderen Hinweis liefert das Pergament P. Vindob. G 26068 (**Katalognummer 71**): Es enthält Abweichungen, die in einem wichtigen Textzeugen, dem Patmos-Kontakar (Cod. Patm. 212 und 213) des 11. Jahrhunderts, bislang nur als spätere (!) Zusätze erkennbar waren, und bestätigt sie dadurch als Angehörige einer frühen Traditionslinie[40].

Leider ist weder der genaue Herkunftsort noch der Herstellungsort der Fragmente bekannt. Daher ist es auch müßig, darüber zu spekulieren, ob etwa das *Pergament* im Konstantinopler Raum geschrieben wurde. Wenn weiters die Selbstverständlichkeit, mit der im Synaxar von einem „Papyrusblatt" (griech. *tómos chártu*) gesprochen wird, das die Mutter Gottes dem Meloden im Traum reichte, einen Bezug zur Schreiberpraxis des 6. Jahrhunderts hat, könnte dies bedeuten, dass Romanos tatsächlich sein Œuvre im wesentlichen auf Papyrus niederschrieb; beweisen lässt sich dies allerdings nicht. In diesem Zusammenhang sei allerdings nicht unerwähnt, dass in einer möglicherweise frühchristlichen Anekdote über den Wüstenvater Pambo Papyrus im Vergleich zu Pergament als Beschreibstoff grundsätzlich als vertrauenswürdiger bezeichnet wurde, da man auf Pergament Geschriebenes insofern manipulieren könne, als der Text abschabbar und somit verfälschbar sei, wobei konkret die Befürchtung ausgesprochen wurde, dass die Christen in späteren Zeiten die Evangelien, die Apostelgeschichte und die Prophetenbücher (des Alten Testaments) abschaben und durch (moderne) Kirchengesänge (*tropária*) und durch Texte der „Hellenen" (Heiden) ersetzen könnten[41].

Für die Verbreitung der Werke des Romanos ist die Frage, ob er Papyrus oder Pergament benützte, im übrigen nicht sehr bedeutsam, denn neben der schriftlichen Übermittlung ist auch eine *mündliche* durch Reisende (vornehmlich Pilger, Mönche oder beides) durchaus in Betracht zu ziehen, da für ein gut geschultes Gedächtnis ein rhythmischer, durch eine Melodie unterstützter Hymnus leicht merkbar war. Als Vermittler kommen beispielsweise die zahlreichen Syrer, insbesondere die syrischen Mönche, in Frage, die zur Zeit des Romanos in Konstantinopel lebten und zu syrischen Mönchen in ihrer Heimat, aber auch in Ägypten (etwa im „Syrerkloster" *Der Suryan im Wadi Natrun*) in Verbindung standen. Der „Sitz im Leben"[42] der Fragmente könnte somit auch mit dem Versuch in Verbindung zu bringen sein, in dem grundsätzlich gesangsfeindlichen Ambiente der frühchristlichen Einsiedler und Mönche, das insbesondere für Ägypten und die Sinai-Halbinsel bezeugt ist, für einen weiterentwickelten liturgischen Gesang zu werben[43].

Der Fundort Ägypten gestattet eine weitere, allgemeinere Vermutung, wenn man in Betracht zieht, dass Romanos zu seiner Zeit (und bis weit in das 7. Jahrhundert) einen hohen Bekanntheitsgrad hatte und als bedeutender Dichter anerkannt war. Auf seine Berühmtheit zu Lebzeiten weisen zwei Papyrusfragmente des 6. Jahrhunderts hin, die dem in Ägypten beheimateten Juristen und Dichter Dioskoros von Aphrodito zugeschrieben werden, der nach 550 Konstantinopel besuchte und unter anderem ein Enkomion auf Kaiser Justin II. (reg. 565–578) verfasste. Die hier interessierenden Texte sind um 551 zu datieren und preisen einen Dichter, unter anderem als „andern Homer", der in den Akrostichiden als „Herr Romanos" und als „bewundernswerter Romanos" apostrophiert wird, was die Identifizierung mit dem Meloden nahelegt[44].

Hinzu kommt, dass das Kontakion zu seiner Zeit als das modernste und massenwirksamste Medium der Propaganda gelten konnte[45]. Daher ist durchaus in Betracht zu ziehen, dass Kaiser Justinian (reg. 527–565) oder hohe kirchliche Amtsträger Romanos' Kontakia bewusst im gesamten griechisch sprechenden Raum des Byzantinischen Reiches verbreiten ließen. Denn diese Texte vertraten – in Übereinstimmung mit der kirchlichen Politik und der theologischen Ausrichtung des Kaisers – kompromisslos, bibelnah und in gut merkbarer Form die dogmatischen Grundsätze der ökumenischen Konzilien von Ephesos (431) und Chalkedon (451) sowie der Äußerungen Kaiser Justinians zu dogmatischen Fragen[46], wie sie in den Konzilsakten von Konstantinopel (553) festgeschrieben wurden. Die Hymnen des Romanos waren also in keinem Fall verdächtig, den Monophysitismus oder andere (auch dem Monophysitismus entgegengesetzte) zeitgenössische Glaubensabweichungen zu unterstützen. Die bislang identifizierten Fragmente reichen freilich nicht aus, um diese Annahme zu untermauern. Allenfalls kann man darauf hinweisen, dass zwei der vier in diesen Fragmenten belegten Hymnen deutlich gegen häretisches Gedankengut polemisieren: Hymnus 11 stellt die christologische Terminologie des Konzils von Chalkedon in den Vordergrund[47] und Hymnus 26 wendet sich gegen nestorianisches Gedankengut, etwa gegen die Vorstellung, die göttliche Wesenheit zu „teilen" und somit Christus „einen bloß Sterblichen" nennen zu wollen[48].

Doch auch wenn man die hier vorgetragene Interpretation der durch die Papyri belegten Verbreitung der Kontakia mangels ausreichender Belege (noch) als zu weitgehend empfindet, steht doch fest, dass die regelmäßige Rezitation der Hymnen des Romanos im Rahmen der Liturgie die auf dem Boden der ökumenischen Konzilien stehenden kirchlichen und kaiserlichen Versuche unterstützte, die Orthodoxie gegen die im 6. Jahrhundert verbreiteten Häresien, insbesondere den Monophysitismus, durchzusetzen.

Editionen[49]*:*
Textgrundlage der im voranstehenden Beitrag übersetzten Hymnenzitate ist: J. Grosdidier de Matons, *Romanos le Mélode, Hymnes*, Paris, I 1964, II 1965, III 1965, IV 1967, V 1981 (SC 99, 110, 114, 128, 283). (unvollendet, enthält 56 Hymnen mit französischer Übersetzung). Für die dort nicht enthaltenen Hymnen ist die zweibändige Edition von P. Maas–C. A. Trypanis, *Sancti Romani Melodi Cantica. Cantica Genuina*, Oxford 1963, und *Sancti Romani Melodi Cantica. Cantica Dubia*, Berlin 1970, heranzuziehen. Band I enthält die 59 von den beiden Herausgebern als echt erkannten Hymnen, Band II vierzig vermutlich als nicht authentisch zu betrachtende Hymnen.

Übersetzungen:
Neben der bereits oben genannten französischen Übersetzung gibt es vollständige Übertragungen ins Englische von M. Carpenter, *Kontakia of Romanos the Melodist* I. *On the Person of Christ* II. On Christian Life, Columbia 1970–1973, und ins Italienische von R. Maisano, *Romano il Melode, Cantici* (Classici Greci, Autori della tarda antichità e dell'età bizantina), Band I–II, Turin 2002 (mit Abdruck des griechischen Originaltextes und reichem Kommentar). – Eine Auswahl von zwanzig Hymnen zu den großen Kirchenfesten übersetzte: J. Koder, *Mit der Seele Augen sah er deines Lichtes Zeichen, Herr – Hymnen des orthodoxen Kirchenjahres von Romanos dem Meloden*, aus dem Griechischen übertragen, Wien 1996. – Von einer deutschen Gesamtübersetzung erschien der 1. Teilband (der 2. und abschließende ist für Ende 2006 vorgesehen): *Romanos Melodos, Die Hymnen*, übersetzt und erläutert von J. Koder, 1. Halbband (Bibliothek der griechischen Literatur, 62), Stuttgart 2005.

Anmerkungen

1 Hymnus 31.2 – Wenn keine anderen Angaben erfolgen, so werden die Hymnen des Romanos Melodos nach der Ausgabe von Grosdidier de Matons, *Hymnes*, Band I bis V, zitiert.

2 Hierzu vgl. allgemein S. Brock, *From Ephrem to Romanos. Interactions between Syriac and Greek in Late Antiquity* (Variorum Collected Studies 664), Aldershot 1999.

3 An seiner Stelle steht heute in Istanbul die Kalenderhan-Moschee; zu ihr vgl. M. Restle, Art. *Konstantinopel*, in: *Reallexikon zur byz. Kunst* 4 (1990) 366ff., hier 551–558.

4 Hierzu vgl. J. Koder, *Romanos Melodos über das Mönchtum*, in: *Porphyrogenita, Essays on the History and Literature of Byzantium and the Latin East*, presented to Julian Chrysostomides, Aldershot 2003, 187–197.

5 Hymnus Nr. 54.

6 Zu den hymnischen Vorgängern und Vorformen des Kontakion vgl. Chr. Hannick, *Orthodoxe Kirchenmusik. Die Musik in Geschichte und Gegenwart. Allgemeine Encyklopädie der Musik*, Sachteil 7 (Kassel–Stuttgart 1997) 1108–1112; P. Maas, *Frühbyzantinische Kirchenpoesie* I. *Anonyme Hymnen des V–VI Jahrhunderts* (Kleine Texte 52–53), Berlin ^{2}1931; C. A. Trypanis, *Fourteen Early Byzantine Cantica* (WBS 5), Wien 1968; E. Wellesz, *Byzantinische Musik. Ein Vortrag*, hrsg. von Gerda Wolfram, Wien 2000 und G. Wolfram, *Die byzantinische Messe. Die Musik in Geschichte und Gegenwart. Allgemeine Encyklopädie der Musik*, Sachteil 7 (Kassel/Stuttgart 1997) 1112–1114.

7 Zur Datierung des Akathistos Hymnos vgl. L.-M. Peltomaa, *The Image of the Virgin Mary in the Akathistos Hymn* (The Medieval Mediterranean, 35), Leiden–Boston–Köln 2001; eine deutsche Übersetzung bei Koder, *Hymnen* 191–205.

8 Singular *oíkos*, „Haus", in Anlehnung an das gleichbedeutende syrische *baithó*, vgl. auch italienisch *stanza*.

9 Vgl. Hannick, *Kirchenmusik* (s. Anm. 6).

10 Romanos weist selbst in H. 54/22.1 auf die Agrypnien hin; zu dieser Stelle und zu einem weiteren Beleg in den Miracula S. Artemii vgl. Grosdidier de Matons: Romanos, 103f.

11 Vgl. H.-J. Schulz, Liturgie, *Tagzeiten und Kirchenjahr des byzantinischen Ritus*, in: Handbuch der Ostkirchenkunde, hrsg. v. W. Nyssen u.a., II, Düsseldorf 1989, 41–43, 63f.; Wolfram, *Messe* (s. Anm. 6).

12 Hierzu vgl. H. Hunger, *Romanos Melodos. Überlegungen zum Ort und zur Art des Vortrages seiner Hymnen. Mit anschließender kurzer Strukturanalyse eines Kontakions (O 19. SC 35 = Maria unter dem Kreuz)*, Byzantinische Zeitschrift 92 (1999) 1–9.

13 Vgl. J. Koder, *Romanos Melodos und sein Publikum. Zur Einbeziehung und Beeinflussung der Zuhörer durch das Kontakion*, in: Anzeiger d. philos.-hist. Klasse der Österr. Akad. d. Wiss. 134/1, Wien 1999, 63–94.

14 Dies gilt beispielsweise für die „alttestamentlichen" Hymnen „*Auf das Opfer Abrahams*" (Nr. 3), „*Auf Joseph*" (I, Nr. 5) und besonders „*Auf die drei Jünglinge im Feuerofen*" (Nr. 8).

15 Es handelt sich um die Hymnen 9–51, 27a, 57 und 59.

16 Eine deutsche Übersetzung in Auswahl von Hymnen des Kirchenjahres bietet Koder, *Hymnen*.

17 Einen Überblick über die Apokryphenzitate bietet Maisano, *Cantici* II 640f.

18 Es handelt sich um die Hymnen 1–8 und 8 App.

19 Vgl. R. Maisano, *Funzione letteraria delle citazioni bibliche nelle preghiere dei contaci di Romano il Melodo*, in: *Studi Sandro Leanza* (im Druck), und die Zusammenstellung bei Maisano, *Cantici* II 613–639.

20 W.L. Petersen, *The Diatessaron and Ephrem Syrus as Sources of Romanos the Melodist* (CSCO 475, Subsidia 74), Löwen 1985, bes. 52–151 (Kap. 3), 165–168 (Kap. 4) und 198–200 (Kap. 7).

21 Hierzu vgl. J. Grosdidier de Matons, *Romanos le Melode et les origines de la poésie réligieuse à Byzance*, Paris 1977, 255–263.

22 Mehrfach belegt sind weitere Zitate von Basileios von Kaisareia, Eusebios von Kaisareia, Gregor von Nazianz, Gregor von Nyssa, Gregorios Thaumaturgos, Iustinos, Kyrillos von Jerusalem, Methodios von Olympos, Neilos von Ankyra, Proklos von Konstantinopel und Theodoretos von Kyrros; vgl. Grosdidier de Matons, *Romanos* (s. Anm. 20), 248–255, und den „Indice patristico" bei Maisano, *Cantici* II 640–654.

23 Hierzu vgl. bes. Brock, Ephrem (s. Anm. 2).

24 Eine Liste von über vierzig alttestamentlichen Typen in ihrer Beziehung zu den neutestamentlichen, verbunden mit Hinweisen auf ihre Verwendung bei Romanos, bietet Grosdidier de Matons, *Romanos* (s. Anm. 20), 258–260.

25 Die Häresien der Arianer, Paulianer, Meletianer und Novatianer.

26 Vgl. hierzu Maisano, *Cantici* II 468f., A. 48.

27 Vgl. die Darstellung (Abb. 1) der Marienvision in einer Miniatur des späten 10. Jahrhunderts, in dem im Vatikan aufbewahrten Menologion des byzantinischen Kaisers Basileios II. (Codex Vaticanus graecus 1613, p. 78), wo Maria dem Schlafenden einen zusammengerollten Papyrus reicht.

28 Übersetzung des Textes nach der Ausgabe von H. Delehaye, *S. Romanos le Mélode*, Analecta Bollandiana 13 (1894) 440–442.

29 Näheres zur Entwicklung der Kontakaria bei Grosdidier de Matons, *Romanos* (s. Anm. 20) 93–118.

30 Wichtige Kontakaria–Handschriften: Athous Batopedi 1041 (s. X–XI), Athous Laurae Γ 27 (saec. XI), Athous Laurae Γ 28 (s. XI), Corsinianus 366 (s. XI), Messanensis 157 (s. XII), Mosquensis Synod. 437 (s. XII), Patmiacus 212 (s. XI), Patmiacus 213 (s. XI), Sinaiticus 925 (s. X), Sinaiticus 926 (s. XI), Sinaiticus 927 (a. 1285), Taurinensis B IV 34 (s. XI), Vindobonensis Suppl. gr. 96 (s. XII). — Wichtige Menaia–Handschriften: Cryptoferratensis Δ.α.I (s. XI–XII), Cryptoferratensis Δ.α.III (a. 1114), Cryptoferratensis Δ.α.X (a. 1101), Cryptoferratensis Δ.α.XI (s. XII), Vaticanus gr. 1829 (s. XI).

31 Angegeben werden die Signatur, der Beschreibstoff, der Titel des Hymnus, der erhaltene Textumfang, schließlich der Tag der (teilwei-

sen) Rezitation (laut den Kontakarien). – Vgl. Maas–Trypanis, *Genuina* XXVII, Grosdidier de Matons, *Hymnes* I 32f.; Maisano, *Cantici* I 58–62.

32 Vgl. Th. F. Brunner, *P. Amst.* I 24: *A Romanus Melodus Papyrus*, Zeitschrift für Papyrologie und Epigraphik 96 (1993) 185–189.

33 Vgl. St. Porter, W. J. Porter, *P. Vindob. G 26225: A new Romanos Melodus Papyrus in the Vienna Collection*, JÖB 52 (2002) 135–148 (mit 1 Abb.)., und J. Koder, *Anmerkungen zu dem Romanos-Papyrus Vindob. G 26225*, JÖB 53 (2003) (im Druck).

34 Vgl. C. E. Römer, *Romanus Melodus auf einem Wiener Pergament*, Zeitschrift für Papyrologie und Epigraphik 109 (1995) 298–300.

35 Nach einigen Handschriften gesungen am 2. oder am 1. Sonntag vor Christi Geburt. – Vgl. P. Maas, *Romanos auf Papyrus*, Byzantion 14 (1939) 381, und G. Zuntz, *The Romanos Papyrus*, Journal of Theological Studies, NS 16 (1965) 463–468.

36 Dies vermutet Römer, *Pergament* (s. Anm. 33), 300.

37 Hierzu etwa Koder, *Anmerkungen* (s. Anm. 32).

38 Vgl. K. Krumbacher, *Studien zu Romanos* (Sb. ph.-h. Kl. Bayer. Ak. d. Wiss. 1898, 2/1), München 1898, 69–269, hier 209; Diskussion bei Brunner, *Papyrus* (s. Anm. 31), 188f.

39 Die „westliche" Tradition umfasst für diese Hymnen (Nr. 8 und 32) die Codices Corsinianus 366 (s. XI) und Vindobonensis Suppl. Gr. 96 (s. XII), die in den kritischen Apparaten der Herausgeber unter der Sigle ? zusammengefasst werden. Vgl. hierzu auch H. Hunger, Rez. von Grosdidier de Matons, *Hymnes* II–IV, Byzantinische Zeitschrift 61 (1968) 91. – Bezüglich des Papyrus P. Vindob. G 26216 ist keine definitive Aussage möglich, da der Hymnus 11 in keiner westlichen Handschrift vollständig überliefert ist, doch weisen seine Abweichungen von den beiden Handschriften mit vollständigem Text, dem Vatoped. 1041 und dem Patm. 212, in die gleiche Richtung; vgl. hierzu die Schlussfolgerungen von Brunner, *Papyrus* (s. Anm. 31), 189.

40 Hierzu Römer, Pergament (s. Anm. 33), 298.

41 Hierzu Grosdidier de Matons, *Romanos* (s. Anm. 20), 12, und die Hinweise bei Grassien C., Ὅτε φθείρουσιν οἱ χριστιανοὶ τὰς βιβλους τῶν ἁγίων ἀποστόλων, γράφοντες τροπάρια: *l'exemple du P. Vindob. G 3 1 4 8 7*, Tyche 14 (1999) 87–92 und Taf. 2.

42 So Römer, *Pergament* (s. Anm. 33), 300 (die Anführungszeichen von der Autorin).

43 Über die traditionelle liturgische Gesangsfeindlichkeit der Mönche, etwa des Abbas Pambo und des Abbas Paul, aber auch noch des Johannes Moschos im 6. Jahrhundert, berichten mehrfach die *Apophthegmata Patrum* und verwandte Texte, vgl. Grosdidier de Matons, *Romanos* (s. Anm. 20), 7–15, und K. Metsakes, Βυζαντινή υμνογραφία, Athen 1986, 67–69.

44 P. Brit. Mus. 1552 und P. Rein. 2070, ed. E. Heitsch, *Die griechischen Dichterfragmente der römischen Kaiserzeit* (Abhandl. Ak. d. Wiss., ph.-h. Kl. 3 / 49), Göttingen ^{2}1963, 141f. – Die Identifizierung bei C. A. Kuehn, *Dioskoros of Aphrodito and Romanos the Melodist*. Bull. Americ. Soc. Papyr. 27 (1990) 103–107.

45 Hierzu Koder, *Publikum* (s. Anm. 12), und ders., *Justinians Sieg über Salomon*, in: *Thymiama im Gedenken an Laskarina Mpura*, Athen 1994, 135–142.

46 Letztere ediert von E. Schwartz, *Drei dogmatische Schriften Justinians* (1939). Seconda edizione a cura di M. Amelotti et al., Mailand 1973, und von M. Amelotti–L. Migliardi Zingale, *Scritti teologici ed ecclesiastici di Giustiniano*, Mailand 1977 (= *Legum Iustiniani Imperatoris Vocabularium, Subsidia* II–III). — Vgl. Fr. Winkelmann, *Die östlichen Kirchen in der Epoche der christologischen Auseinandersetzungen (5. bis 7. Jahrhundert)*, Berlin ^{3}1988, 100, und A. Grillmeier–Th. Hainthaler, *Jesus der Christus im Glauben der Kirche*, Bd. 2/2: *Die Kirche von Konstantinopel im 6. Jahrhundert*, Freiburg im Breisgau 1989, hier: 534–544.

47 Etwa *Hymnus* 11.1.5–9 (Es spricht Maria):
Das Siegel meiner Jungfräulichkeit sehe ich ungebrochen
und so verkünde ich, daß Du als unwandelbares Wort Fleisch geworden bist.
Die Aussaat kenne ich nicht, doch kenne ich Dich als Löser des Verderbens,
bin ich doch unversehrt, obgleich Du aus mir hervorgingst:
Wie Du ihn fandest, so verließest Du meinen Schoß, heil bewahrtest Du ihn.

48 So in *Hymnus* 26.7.9–12:
Einige sagten, dieser (Christus) *sei nur ein einfacher Mensch,*
und empfanden keine Scham vor seiner Macht,
daß er nur ein Wort ausspricht, und sogleich der Verblichene (Lazarus) *aufersteht*
und erstehend spricht: Du bist das Leben und die Auferstehung!

49 Sperrungen bezeichnen die Abkürzung des Titels in den vorangehenden Fußnoten.

Katalog

Abb.: Nilarm mit Schilf- und Papyruspflanzen
Papyrus wächst an den Ufern des Nils. Zur Herstellung des Schreibmaterials werden die Stängel der Pflanze in dünne Streifen geschnitten und in zwei Schichten im rechten Winkel übereinander gelegt und gepresst. Im trockenen Zustand kann die Oberfläche mit einem Bimsstein oder einer Muschel geglättet werden, um so für das Schreiben bestens geeignet zu sein.

1
Bucheinband

5./6. Jh. n.Chr.
19 x 33 cm
Papyrus, Leder, Leinen

Der Bucheinband hatte nicht nur die Aufgabe, die einzelnen Blätter in ihrer geordneten Reihenfolge zusammen zu halten, sondern ihnen auch Schutz zu bieten. Erst mit dem Einband erlangt der Codex jene kompakte Form, die ihn bei oftmaligem Gebrauch widerstandsfähig macht.

Sehr häufig wurde zur Herstellung eines Buchdeckels alten und nicht mehr gebrauchten Papyrus, „Altpapier“ in heutigem Verständnis, in Kombination mit Leder verwendet. Wie bei diesem Einband zu sehen wurden die Blätter zu kleineren Stücken zerschnitten, befeuchtet und mit Leim zu einer Art Kartonage zusammengeklebt. Diese wurde alsdann mit oft eingefärbtem Leder überzogen und vernäht. Die Besonderheit bei diesem Stück liegt darin, dass er zwischen dem Leder und den Papyrusblättern noch zusätzlich mit Leinen gefestigt wurde.

1.2

1.3

1.4

1.1

2

2

Chester Beatty-Papyrus

Mitte 3. Jh.
21,5 x 5 cm
[27 x 13 cm] Papyrus
Griechisch

Bei diesem Papyrusblatt handelt es sich um den äußeren Rand einer Codexseite, die Teile aus dem Matthäus-Evangelium in griechischer Schrift enthält. Der Papyrus gilt zusammen mit weiteren Blättern aus demselben Codex, die in Dublin in der Chester Beatty Library aufbewahrt werden, als ältester bekannter Beleg für das Matthäus-Evangelium aus einer Zeit um 250 n.Chr. Gefunden wurden diese Papyri 1930 in Tonkrügen in einem koptischen Friedhof bei Aphroditopolis gegenüber der Oase Fayum an der Ostseite des Nils.

Aus den erhaltenen Fragmenten des hier ausgestellten Stückes lässt sich eine ursprüngliche Blattgröße von etwa 21 cm Höhe und 15 cm Breite errechnen. Deutlich erkennbar sind der obere Blattrand sowie die rechte untere Ecke. Der Papyrus ist dünn und sehr sorgfältig gearbeitet. Die Rußtinte ist kräftig schwarz und stellenweise abgerieben. Die Schrift ist eine äußerst sorgfältige, elegante und leicht nach rechts geneigte Buchschrift, die von der geschulten und sicheren Hand eines berufsmäßigen Buchschreibers stammt. Der Text ist auf 37 Zeilen aufgeteilt und beinhaltet das Ende von Kapitel 25 sowie den Anfang von Kapitel 26 nach Matthäus mit dem Abschnitt von der Salbung Christi in Bethanien in der unteren Hälfte des Blattes.

Übersetzung der Schauseite des Papyrus
Mt 25,46-26,18

41 Dann wird er auch sagen zu denen zur Linken: Geht weg von mir, ihr Verfluchten, in das ewige Feuer, das bereitet ist dem Teufel und seinen Engeln!
42 Denn ich bin hungrig gewesen und ihr habt mir nicht zu essen gegeben. Ich bin durstig gewesen und ihr habt mir nicht zu trinken gegeben.
43 Ich bin ein Fremder gewesen und ihr habt mich nicht aufgenommen. Ich bin nackt gewesen und ihr habt mich nicht gekleidet. Ich bin krank und im Gefängnis gewesen und ihr habt mich nicht besucht.
44 Dann werden sie ihm auch antworten und sagen: Herr, wann haben wir dich hungrig oder durstig

gesehen oder als Fremden oder nackt oder krank oder im Gefängnis und haben dir nicht gedient?
45 Dann wird er ihnen antworten und sagen: Wahrlich, ich sage euch: Was ihr nicht getan habt einem von diesen Geringsten, das habt ihr mir auch nicht getan.
46 Und sie werden hingehen: diese zur ewigen Strafe, aber die Gerechten in das ewige Leben.
26 1 Und es begab sich, als Jesus alle diese Reden vollendet hatte, dass er zu seinen Jüngern sprach:
2 Ihr wisst, dass in zwei Tagen Passa ist; und der Menschensohn wird überantwortet werden, dass er gekreuzigt werde.
3 Da versammelten sich die Hohenpriester und die Ältesten des Volkes im Palast des Hohenpriesters, der hieß Kaiphas,
4 und hielten Rat, wie sie Jesus mit List ergreifen und töten könnten.
5 Sie sprachen aber: Ja nicht bei dem Fest, damit es nicht einen Aufruhr gebe im Volk.
6 Als nun Jesus in Betanien war im Hause Simons des Aussätzigen,
7 trat zu ihm eine Frau, die hatte ein Glas mit kostbarem Salböl und goss es auf sein Haupt, als er zu Tisch saß.
8 Als das die Jünger sahen, wurden sie unwillig und sprachen: Wozu diese Vergeudung?
9 Es hätte teuer verkauft und das Geld den Armen gegeben werden können.
10 Als Jesus das merkte, sprach er zu ihnen: Was betrübt ihr die Frau? Sie hat ein gutes Werk an mir getan.
11 Denn Arme habt ihr allezeit bei euch, mich aber habt ihr nicht allezeit.
12 Dass sie das Öl auf meinen Leib gegossen hat, das hat sie für mein Begräbnis getan.
13 Wahrlich, ich sage euch: Wo dies Evangelium gepredigt wird in der ganzen Welt, da wird man auch sagen zu ihrem Gedächtnis, was sie getan hat.
14 Da ging einer von den Zwölfen, mit Namen Judas Iskariot, hin zu den Hohenpriestern
15 und sprach: Was wollt ihr mir geben? Ich will ihn euch verraten. Und sie boten ihm dreißig Silberlinge.
16 Und von da an suchte er eine Gelegenheit, dass er ihn verriete.
17 Aber am ersten Tage der Ungesäuerten Brote traten die Jünger zu Jesus und fragten: Wo willst du, dass wir dir das Passalamm zum Essen bereiten?
18 Er sprach: Geht hin in die Stadt zu einem und sprecht zu ihm: Der Meister lässt dir sagen: Meine Zeit ist nahe.

3
Bücherliste

7./8. Jh.
9 x 10 cm
[13 x 18 cm]
Papyrus
Griechisch

Die Bücherliste aus dem 7. oder 8. Jh. n.Chr. gibt vielleicht Einblick über den Bestand einer christlichen Bibliothek. Genannt werden unter anderem ein apokryphes Petrusmartyrologium, das Martyrologium des Hl. Eusthatios, die *Acta Pilati* und das Martyrologium des Hl. Georg.

3

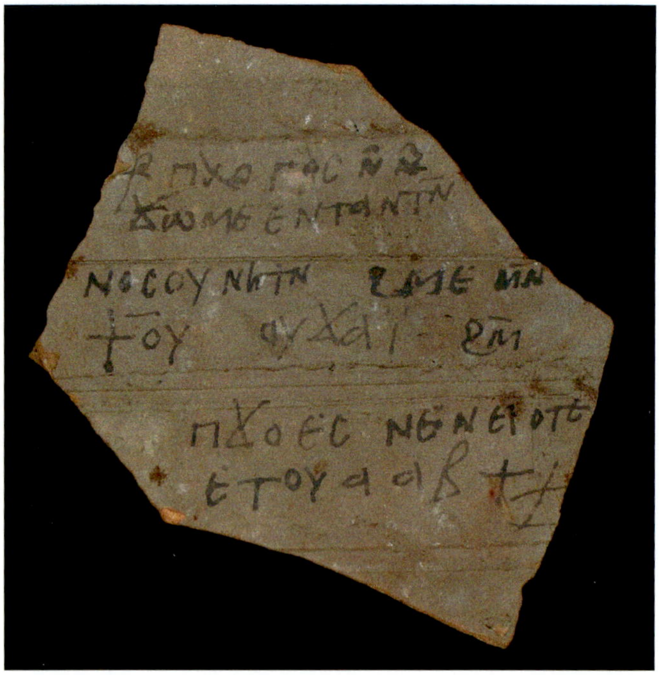

4

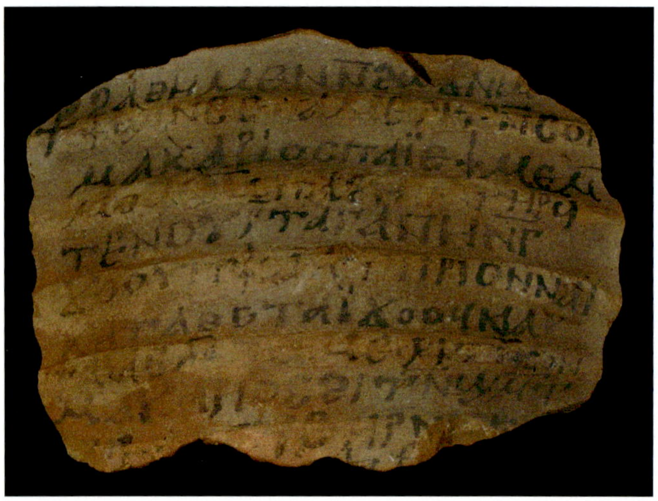

5

4
Ostrakon

7. Jh.
9 x 10 cm
Ton
Koptisch

Bei diesem Ostrakon handelt es sich wahrscheinlich um einen Packzettel mit der Aufschrift: „*† Liste der Bücher, die wir euch gesandt haben. 45. Lebt wohl im Herrn, unsere heiligen Väter*“ Es wurden also 45 Bücher geschickt. An Beginn des Textes steht ein Staurogramm und am Ende drei Kreuze.

5
Ostrakon

7. Jh.
9 x 12 cm
Ton
Koptisch

Das Ostrakon gibt einen lebendigen Einblick in den Buchhandel der Spätantike. Es enthält den Brief an einen gewissen Makarios mit der Bitte, das Buch mit Psalmtexten wie vereinbart zu senden: „*Vor allen Dingen grüße ich meinen lieben Bruder Makarios, den ich von ganzem Herzen liebe. Nun sei so gut, sende mir den Psalter, wie ich es dir gesagt habe. Gib ihn meinem lieben Bruder Makarios.* “

6
Ostrakon

7. Jh.
12 x 12,5 cm
Ton
Koptisch

Auf dieser Tonscherbe steht in koptischer Schrift eine Bücherliste, die in wörtlicher Übersetzung einen kleinen Psalter, einen kleinen „Apostel“ und ein kleines Evangelium beinhaltet. Es handelt sich also um eine Liste von Bibel-Büchern, wobei „Apostel“ die Apostelgeschichte meint und sich das Wort „klein“ wahrscheinlich auf das Format des jeweiligen Codex bezieht. Die Liste kann entweder als Bestellung oder als Packzettel verstanden werden.

Das Ostrakon stammt aus dem 7. oder 8. Jh. n.Chr. – also einer Zeit, in der Ägypten am Beginn seiner islamischen Geschichte stand und das Christentum sicher schon zurückgedrängt war. Umso bedeutender ist das Stück, wenn es trotz der voranschreitenden Islamisierung einen offenbar weiterhin existierenden Handel mit biblischen Büchern nachweisen kann. Vor allem die Archive und Bibliotheken der Klöster, die trotz der tief greifenden Veränderungen weiterhin bestanden, haben dabei eine wichtige Rolle gespielt, denn in ihren Skriptorien ist das literarische Textgut nicht nur erhalten, sondern auch kopiert und weitergegeben worden.

6

7
Papyrusblatt Apostelgeschichte

7. Jh.
19,2 x 13,5 cm
[29 x 23 cm]
Papyrus
Koptisch

Das Papyrusblatt hat die rechte Hälfte einer Codexseite aus der Apostelgeschichte in koptischer Übersetzung erhalten. Die Seite war in zwei Spalten beschrieben, wobei die fehlende linke denselben Text in Griechisch wiedergab. Es liegt also eine zweisprachige Ausgabe der Acta Apostolorum vor uns, die ein gutes Beispiel für die polyglotte Gesellschaft Ägyptens darstellt. Zeitlich ist sie in das 7. Jh. n.Chr. einzuordnen, wobei auffällt, dass die Buchstabenformen variieren. So erscheint das Omikron in seiner ovalen, genauso wie in seiner runden Form.

Der vorliegende Absatz berichtet vom Aufenthalt Paulus' in Ephesos. In den ersten beiden Zeilen werden die Juden und Griechen genannt, die in der Stadt wohnen und an die Paulus seine Worte richtet: *en iudai teru men en chellene etuoch chenet efesos.*

In der Mitte des Blattes findet sich im Text eine Lehrstelle, um das Ende eines Gedanken und den Beginn eines neuen Absatzes zu markieren. Außerhalb der Spalte geschieht dies durch das Ornament und den herausgerückten Buchstaben Delta.

7

8

9

8

Amulettkapsel

Kette; Kettenglied
2.–3. Jh.
2,0 cm
Goldblech

Amulettkapsel in Form eines achtseitigen Prismas aus dem 2.–3. Jh. n.Chr.

Biblische Texte, die zum Beispiel die Bitte um Schutz ausdrücken, sollten möglichst nah mit dem Menschen verbunden sein, für den sie gedacht sind. Insbesondere in hellenistischer und römischer Zeit waren Kapseln als Behälter für magische Texte weit verbreitet.

Kleine Gold- oder Silberplättchen wie das Objekt Nummer 9 wurden gerollt oder gefaltet und dann in einer Kapsel aufbewahrt. Die hier gezeigte Amulettkapsel aus den Staatlichen Museen Berlin besitzt zwei Ösen, durch die ein Trageband gefädelt werden musste. Mit einer Kette oder einem Silberbändchen wurde die Kapsel dann um den Hals getragen.

9

Schutzamulett

4.–7. Jh.
5,3 x 2,2 cm
Silber
Griechisch

Die Gewissheit der Menschen, den so genannten „unbekannten Mächten“ ausgeliefert zu sein, führt zu einem gewissen Schutzverlangen, das über viele Wege und mit verschiedensten Mitteln gestillt werden kann. Die Ausformungen sind zahllos. Der kreativste Abschnitt diesbezüglich war sicher die Antike. In ihr entstehen die wohl beständigsten und am besten einsichtigen parareligiösen Systeme, die man unter dem Begriff der Magie zusammenfassen darf.

Als Beispiel dafür wird hier ein Schutzamulett gezeigt mit der Nennung Christi und der Erzengel.

Das kleine Silberplättchen lässt ganz deutlich jene Knickstellen erkennen, die bei der ursprünglichen Aufrollung oder Faltung entstanden sind. Die griechische Schrift ist mit einem feinen Stilus geritzt. Die Buchstabenformen erinnern in ihrer Klarheit an eine Anfängerhand, die kaum Routine im Schreiben hat. Indizien dafür sind auch die nach rechts abfallende Zeilenführung und einige orthographische Fehler. Zu lesen ist Jesus Christus sowie die Namen der beiden Erzengel Michael und Gabriel, die sehr häufig in Amuletten angerufen werden.

10

Stempelsiegel

2. Hälfte 1. Jh. v.Chr.
15 x 11 mm

Karneolsiegel mit Darstellung eins Mischwesens

Das Karneolsiegel stammt aus dem Antikenhandel in Jerusalem und lässt sich auf die 2. Hälfte 1. Jt. v.Chr. datieren.

Für dieses Karneolsiegel wurde eine geglättete Perle mit 20 mm Durchmesser etwas exzentrisch durchbohrt und eine Seite abgeflacht, so dass eine Siegelfläche von 15 x 11 mm entsteht. In diese Siegelfläche ist mit wenigen, meist parallel angeordneten Strichen die Abbildung eines Mischwesens graviert. Links oben erkennt man den Kopf mit zwei Ohren oder Hörnern, darunter den lang gezogenen Hals, darunter die linke Vordertatze. Nach links geht die rechte Vordertatze ab. Hinter dem Hals sind der Flügel und der Leib des Mischwesens, dahinter die linke Hintertatze und der in einem großen Bogen nach oben gezogenen Schwanz.

Siegel wurden einerseits zum Abstempeln von Bullen etc. verwendet. Das Bildmotiv repräsentierte dabei den Eigentümer und diente somit dem Nachweis der Authentizität. Andererseits hatten die Siegel, insbesondere wenn sie mit Bildmotiven und nicht mit Namenszügen versehen waren, auch einen Amulettcharakter. Das hier abgebildete Mischwesen besteht aus Elementen des Löwen und des Adlers. Das Tier soll dem Besitzer Schutz vor allen möglichen Gefahren verleihen und ihn somit stärken.

11

Rollsiegel

Mesopotamien
1. Hälfte 3. Jh. v.Chr.
20 x 22 mm
Siegel mit geometrischen Figuren

Rollsiegel aus rotem Marmor mit geometrischem Motiv

Das Rollsiegel hat einen Durchmesser von 20 mm und eine Höhe von 22 mm. Die Durchbohrung von 5 mm Durchmesser wurde von beiden Seiten vorgenommen und verjüngt sich in der Mitte leicht. Die Siegelfläche wurde mit einfachen Strichverzierungen graviert, so dass ein simples Netzmuster entsteht. Diese besonders einfachen Motive stehen am Anfang der Entwicklung der Glyptik, der Kunst, in Steine zu schneiden. Schon früh waren die Siegel nicht nur Zeichen einer besonderen Autorität des Besitzers, sondern hatten auch eine Amulettfunktion. Schon bei den Siegeln des 3. Jhs. v.Chr. finden wir neben solch einfachen Motiven, die von wenig erfahrenen Siegelschneidern hergestellt werden konnten, auch mythologische und religiöse Motive, die den Amulettcharakter der Siegel unterstreichen.

10

11

12
Papyrusblatt Psalm 63, 2-3

5./6. Jh.
8 x 9 cm
[12 x 16 cm]
Papyrus
Griechisch
Fayum 1881–1884

In der Mitte des Papyrusblattes ist ein Loch, durch das wohl die Schnur gefädelt war, an der das Amulett getragen wurde. Die leicht geneigte Schrift ist eine Kursive des 5. oder 6. Jh.n. Chr. Zu lesen sind die Verse 2 und 3 von Psalm 62. Am Beginn des Textes stehen zentriert und überstrichen die drei Buchstaben Chi, My und Gamma als Abkürzung für *„Christus von Maria geboren"*. Dieses apotropäische Symbol soll auf die den Bann der Dämonen brechende Geburt Christi hinweisen.

12

13
Papyrusstreifen Psalm 24,1

6. Jh.
3 x 16,5 cm
[8 x 20 cm]
Papyrus
Griechisch
Herakleopolites

Der schmale Papyrusstreifen ist aus einer Urkunde herausgeschnitten, die auf der Vorderseite eine Liste trägt. Die Schauseite zeigt den ersten Vers von Psalm 24: *„Dem Herrn gehört die Erde und was sie erfüllt, der Erdkreis und alle, die darauf wohnen."* Die mangelnde Orthographie, die ungleichmäßige Zeilenlänge und die flüchtige Kursive sind Zeichen für eine Anfertigung *ad hoc.* Am Ende des Textes steht die Anweisung, den Psalm dreimal zu rezitieren.

14
Amulett

6./7. Jh.
4,2 x 6,5 cm
[8 x 11 cm]
Pergament
Griechisch

Das Amulett aus dem 6. oder 7. Jh. n.Chr. ist in Form eines Doppelblattes aus einem Minatur-Kodex gestaltet und enthält die Verse 5 und 6 aus dem ersten Kapitel des Johannes-Evangeliums: *„Das Licht leuchtet in der Finsternis, denn die Finsternis hat es nicht ergriffen."*

13

15
Doppelblatt Psalm 1 und 4

6./7. Jh.
5 x 7,3 cm
[8 x 11 cm]
Pergament
Griechisch

Das Doppelblatt aus dem 6. oder 7. Jh. n.Chr. mit Versen aus Psalm 1 und 4 gehörte wahrscheinlich zu einem aus mehreren Blättern bestehenden Miniaturcodex. Auffallend sind die schlechte Orthographie und die willkürliche Zeilentrennung. Die unschöne, aber nicht ungeübte Handschrift deutet auf ein Amulett hin.

14

16
Amulett Psalm 91

6. Jh.
6 x 14,9 cm
[13 x 18 cm]
Papyrus
Griechisch

Dieses Amulett war für Jungverheiratete gedacht. Siebenstrahlige Sonnensterne sind am oberen Rand über die Zeilenlänge verteilt. Es folgt ein Auszug aus Psalm 91: *„Wer im Schutz des Höchsten wohnt, wird im Schatten des Himmelsgottes lagern; er wird sagen zum Herrn: Mein Beschützer bist du und meine Zuflucht. Er ist mein Gott, ich werde auf ihn hoffen."* sowie ein leicht veränderter Text aus dem Paulus-Brief an die Römer und dem Johannes-Evangelium: *„Und am dritten Tag fand eine Hochzeit in Kanaan in Galiläa statt. Geladen wurde Jesus und seine Mutter mit ihm."*

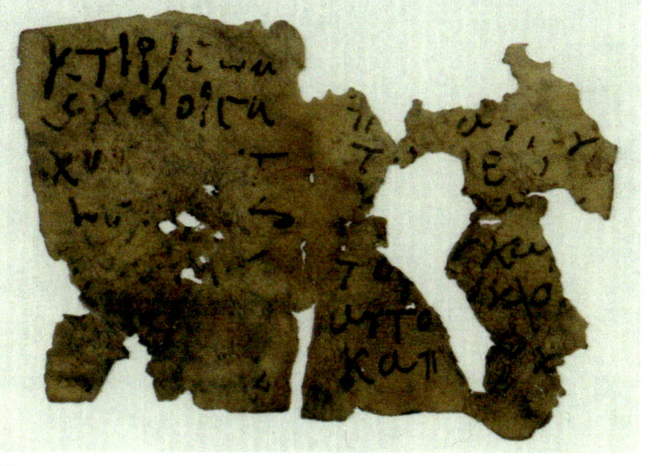
15

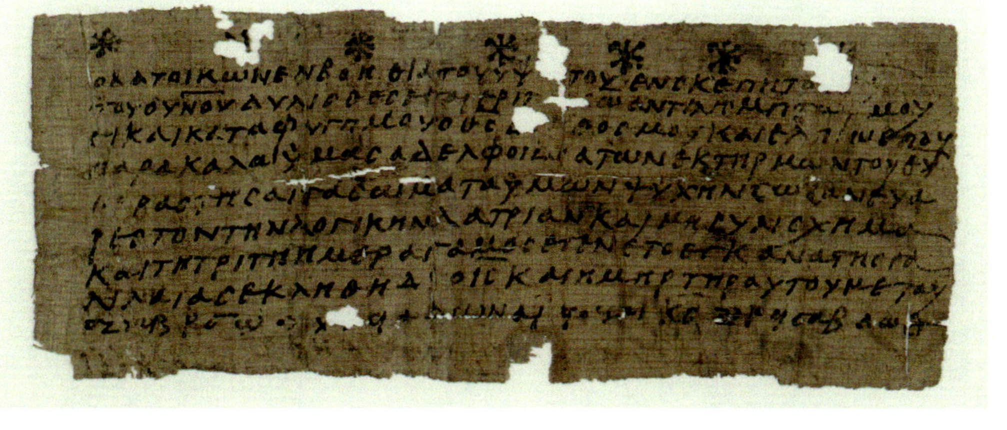
16

17

18

17
Amulett Psalm 119

5./6. Jh.
6,5 x 10,5 cm
[10 x 15 cm]
Pergament
Griechisch
Hermopolis 1886

Das Amulett mit Psalm 118 ist nach Art eines Doppelblattes gestaltet. Die Schrift ist ungelenk und stammt von einer offenbar ungeübten Hand. Zur Trennung der Verse werden senkrechte Doppelstriche verwendet. Gezeigt wird die Haarseite des Pergaments mit den Versen 158 bis 160, die in der linken Blatthälfte von einem Kreuz abgeschlossen werden.

18
Papyrusblatt mit Psalmversen

6. Jh.
9,5 x 4,5 cm
[14 x 9 cm]
Papyrus
Griechisch
Hermopolis 1887

Auf diesem Papyrusblatt sind verschiedene Psalmverse aufgeschrieben. Das Amulett stammt von ungeübter

Hand und war einmal der Länge nach gefaltet. Die *nomina sacra* werden kontrahiert. Am Beginn der Zeile 1 steht ein Staurogramm und die Buchstaben Kappa und Sigma als Abkürzung für *kyrios*, der Herr.

19

19

Ostrakon Alpha und Omega

8. Jh.
11 x 11 cm
Kalkstein
Koptisch

Auf dem Ostrakon sind Alpha und Omega zu lesen. In der Magie stehen der erste und der letzte Buchstabe des Alphabets stellvertretend für alle Buchstaben. Man kann alles ausdrücken, was denk- und sagbar ist. Im Christentum erhält die Formel durch das Bibelzitat „Ich bin das Anfang und das Ende" eine zusätzliche Bedeutung.

20

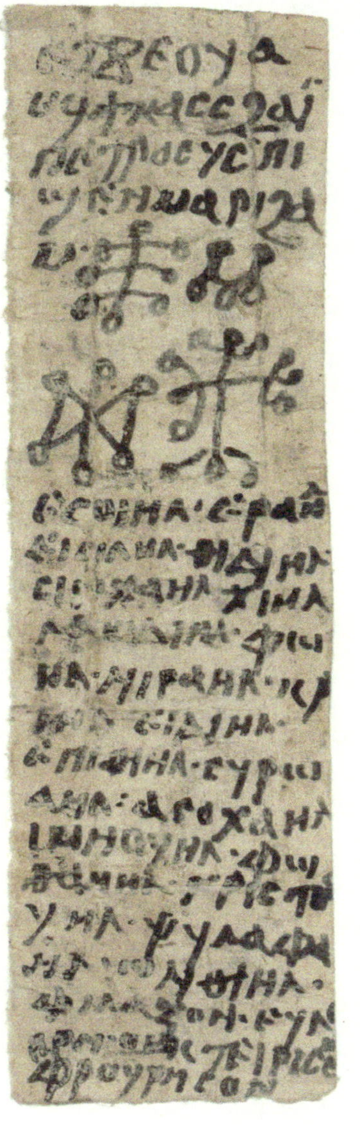

20

Schutzamulett mit Gabelkreuz

10. Jh.
13,2 x 4 cm
[17 x 10 cm]
Papier
Koptisch

Dieses koptische Schutzamulett gegen Schmerzen aus dem 10. Jh. wurde auf einen 4 cm breiten und etwa 13 cm langen Papierstreifen geschrieben und war zu einem Päckchen von 2 x 2 cm zusammengelegt. An der Außenseite wurde ein koptisches Gabelkreuz aufgezeichnet. Innen steht ein Gebet gegen Schmerzen: *„In betreff eines, der Schmerzen hat, schreibt Petrus: Jesus, Sohn der Maria".* Danach folgen vier magische Zeichen und 19 Engelsnamen wie Esoiel, Erael, Ekiel oder Thidiel. Danach die Fortsetzung des Textes: *„bewahre, segne, stärke, rette in der Macht des Erlösers, hilf uns, erbarme, Petrus mit Gebeten und mit Gesandtschaften der Engel, der vier Tiere der Engel, der 20 Mächte, der 24 Ältesten!"*

21

21
Amulett mit Alltagsschrift

6./7. Jh.
7,6 x 11,3 cm
[12 x 17 cm]
Papyrus
Griechisch

Die Alltagsschrift und das extreme Querformat des Blattes mit bis zu 77 Buchstaben pro Zeile lassen auf ein Amulett schließen, das gefaltet oder gerollt war. Die Kürzung der *nomina sacra* entspricht der literarischen Norm. Das Amulett beinhaltet den Psalm 54.

22

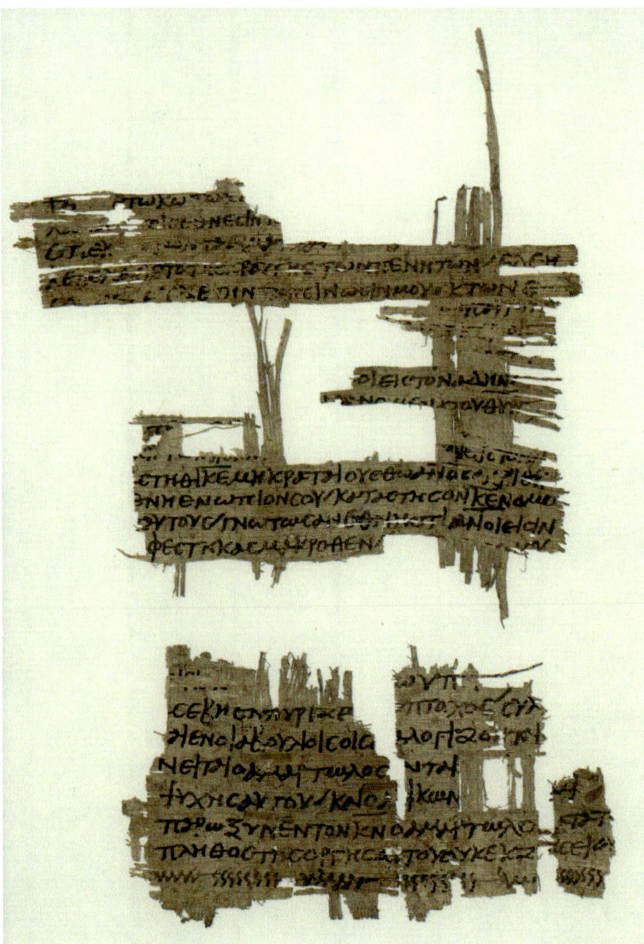

22
Papyrusblatt Psalm 10, 1–4

5. Jh.
mehrere Fragmente
[26 x 20 cm]
Papyrus
Griechisch
Hermopolis

Dieses Papyrusblatt beinhaltet die Verse 1 bis 4 von Psalm 10 über den Retter der Bedrängten. Die Schrift zeigt die charakteristische Unziale für das 5. Jh. n.Chr. Als Abschlussleiste wurde unter die letzte Zeile eine Reihe von *virgulae* gesetzt.

23
Trilingue

13. Jh.
32,5 x 25 cm
[39 x 32 cm]
Papier
Griechisch, Koptisch, Arabisch

Diese Trilingue hat Teile der Liturgie für die Karwoche in drei Sprachen erhalten und gehörte zu einem Lektionar, das im 13. Jh. n. Chr. entstanden ist. Die linke Spalte enthält die koptische, die mittlere die griechische und die rechte die arabische Übersetzung. Auf der gezeigten Seite ist der Text für die 9. Stunde des Mitt-

23

woch mit Johannes 11, 55–57 und für die 11. Stunde des Mittwoch mit dem zweiten Vers von Psalm 56 zu lesen.

Am Beginn jeder Spalte steht der Hinweis auf das Evangelium nach Johannes. Im Griechischen und Arabischen wird dieser durch rote Farbe in Form einer Überschrift zusätzlich betont. Farblich gestaltet und größer hervorgehoben sind im Griechischen wie im Koptischen auch die Initialen. In der koptischen Spalte werden die *nomina sacra* wie „Jesus" oder „Jerusalem" abgekürzt und mit einer roten Wellenlinie überstrichen. Nach einer Zierleiste, die an den Enden von herzförmigen Blättern abgeschlossen wird, folgt der zweite Vers von Psalm 56. Die Überschrift ist wieder in rot gehalten. Hinter dem abgekürzten Wort *Psalmos* steht jeweils überstrichen die Zahl 56, die mit den Buchstaben Ny und Stigma geschrieben wird.

Übersetzung: Joh 11, 55–57

55 Es war aber nahe das Passafest der Juden; und viele aus der Gegend gingen hinauf nach Jerusalem vor dem Fest, dass sie sich reinigten.
56 Da fragten sie nach Jesus und redeten miteinander, als sie im Tempel standen: Was meint ihr? Er wird doch nicht zum Fest kommen?
57 Die Hohenpriester und Pharisäer aber hatten Befehl gegeben: Wenn jemand weiß, wo er ist, soll er's anzeigen, damit sie ihn ergreifen könnten.

Übersetzung: Psalm 56, 2

Gott, sei mir gnädig, denn Menschen stellen mir nach; täglich bekämpfen und bedrängen sie mich.

24

Papyrusblatt Pater noster

6. Jh.
7,5 x 17,5 cm
[11 x 23 cm]
Papyrus
Griechisch, Latein
Hermopolites ?

Wie sehr die Bibel auf Schule und Ausbildung Einfluss nahm, zeigt das vorliegende Papyrusblatt aus dem 6. Jh. n.Chr., das eine Schreibübung mit dem Pater noster erhalten hat. Zu lesen ist der Satz *panem nostrum cothidianum da nobis hedie* „unser tägliches Brot gib uns heute" in lateinischer Schrift auf drei Zeilen verteilt. Zwischen diesen Zeilen wird der Text auch in Griechisch festgehalten. Allerdings nicht in der gebräuchlichen griechischen Version, sondern in einer buchstabengetreuen Transkription aus dem Lateinischen. Dabei fällt auf, dass der Schreiber die lateinische Schrift klar besser beherrscht als die griechische. Das dokumentieren die Schreibfehler im Griechischen. Offenbar wollte jemand die griechische Schrift mit Hilfe eines lateinischen Textes erlernen, wobei mit dem *Vater unser*, wie es von Matthäus 6, 9–13 bekannt ist, auf das wohl bekannteste Gebet des Christentums zurückgegriffen wurde.

24

25
Schulheft vollständig erhalten

4./5. Jh.
pro Blatt: 5 x 9,5 cm
[18 x 24 cm]
Papyrus
Griechisch

Das vollständige erhaltene Schulheft umfasst vier Doppelblätter mit einer Höhe von 5 cm und einer Breite von 9,5 cm. Die Verse 9 bis 15 von Psalm 33 stehen auf den ersten neun Seiten verteilt. Danach ist das Heft umzudrehen. Von der letzten Seite beginnend sind koptische Übungen zum Alphabet zu lesen, die in der Zeichnung einer menschlichen Figur enden.

26
Ägyptischer Schreiber

Ägyptischer Schreiber mit Papyrusblatt und Kalamos, Schreiberstatue des Henka
Kalkstein, H. 51,8 cm, B. 33,5 cm, T. 30,5 cm
Gebiet um Memphis, vermutlich aus Dahschur
Altes Reich, Mitte 5. Dynastie, um 2430 v.Chr.

Ägyptischer Schreiber mit Papyrusblatt und Binse zum Schreiben

Der Schreiberberuf galt im alten Ägypten als einer der angesehensten, denn die vielfältigen Tätigkeiten des Schreibers waren unerlässlich für das Funktionieren der Verwaltung des Staates. Auch im Toten- und Tempelkult, in den Werkstätten, aber auch bei Expeditionen zu den Steinbrüchen und bei Kriegszügen kamen Schreiber zum Einsatz.

Der Schreiberberuf war von so großer Bedeutung, dass sogar ein eigener Statuentyp entstand, der den Betreffenden auf dem Boden sitzend und mit überkreuzten Beinen zeigt. Auf dem Schoß ist der Papyrus dargestellt, in der rechten Hand die Schreibbinse.

25

26

Manchmal ist auch die über der Schulter hängende Schreiberpalette wiedergegeben. Zur Ausrüstung des Schreibers gehörte auch ein zylindrischer Behälter für die Binsen sowie ein kleiner Lederbeutel, in dem die Pigmentkügelchen, aus denen die Tinte angerührt wurde, aufbewahrt wurden.

Im Alten Reich waren Schreiberstatuen ausschließlich Grabstatuen. Später konnten Schreiberstatuen auch in Tempeln aufgestellt werden. Weibliche Schreiberfiguren sind nicht bekannt. Die Aufstellung von Schreiberstatuen in Gräbern bedeutete nicht automatisch, dass der Grabherr zu Lebzeiten als Schreiber tätig war, sondern lediglich, dass er ein gebildeter Mann war.

Der Besitzer dieser Schreiberstatue ist wahrscheinlich mit dem „Vorsteher aller Arbeiten des Königs", „Richter" und „Grenzbeamten" Henka identisch, dem noch eine weitere Schreiberfigur und eine Sitzfigur gehörten. Die Statuen wurden um 1872 vom deutschen Ägyptologen Heinrich Brugsch in Ägypten erworben. Einer Aktennotiz zufolge stammten alle drei Statuen aus demselben Grab. Diese Schreiberfigur sowie die beschriftete Sitzfigur des Henka wurden 1873 von den Kaiserlichen Sammlungen in Wien angekauft, die dritte Statue gelangte nach Berlin.

Henka ist hier mit der Papyrusrolle am Schoß und der Binse in der rechten Hand dargestellt. Das Bildnis weist allerdings zahlreiche Beschädigungen auf und macht zudem einen unfertigen Eindruck, da die Oberfläche nur teilweise geglättet wurde. Warum die Statue die Werkstatt in diesem unfertigen Zustand verlassen hat, bleibt unklar.

Regina Hölzl, Wien

27

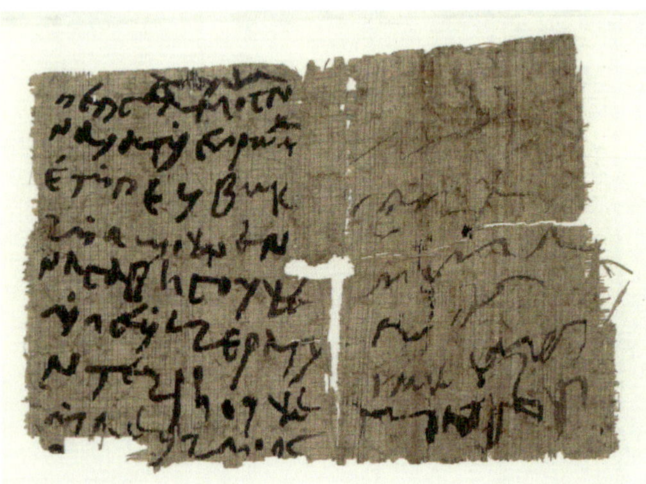

27

Koptisch-arabisches Schulheft

8. Jh.
9 x 12,6 cm
[12 x 17cm]
Papyrus
Koptisch

Dieses koptisch-arabische Schulheft hat in sehr ungeübter Schrift die ersten beiden Verse von Psalm 1 erhalten. In der ersten Zeile der linken Seite steht *Pepsalmos* und darüber ist David hinzugefügt, also Psalm des David. Auf der Rückseite des Blattes wird der Briefanfang geübt.

28
Koptisch-arabische Schulübung

8. Jh.
8,5 x 12,2 cm
[12 x 17 cm]
Papyrus
Koptisch

Das Blatt gehört zum vorhergehenden und zeigt die Fortsetzung der Schulübung. Die beiden Blätter waren zusammengenäht oder zumindest zusammengeheftet, wie die Löcher in der Mitte beweisen. Am Beginn jeder Seite steht ein Staurogramm. Aufgrund der Zweisprachigkeit Koptisch-Arabisch und des Schrifttyps dürfte das Heft aus dem 8. Jh. n.Chr. stammen.

28

29

29
Psalm 35

6./7. Jh.
39 x 14 cm
[42 x 24 cm]
Papyrus
Griechisch
Arsinoites

Auf dem Einzelblatt ist Psalm 35 zu lesen. Die Zeileneinteilung ist nicht stichisch, jedoch werden Stiche innerhalb der Zeilen bisweilen durch Beistriche angegeben. Viele Fehler haben sich eingeschlichen. Offensichtlich wurde der Psalm zu Übungszwecken nach einem Diktat geschrieben.

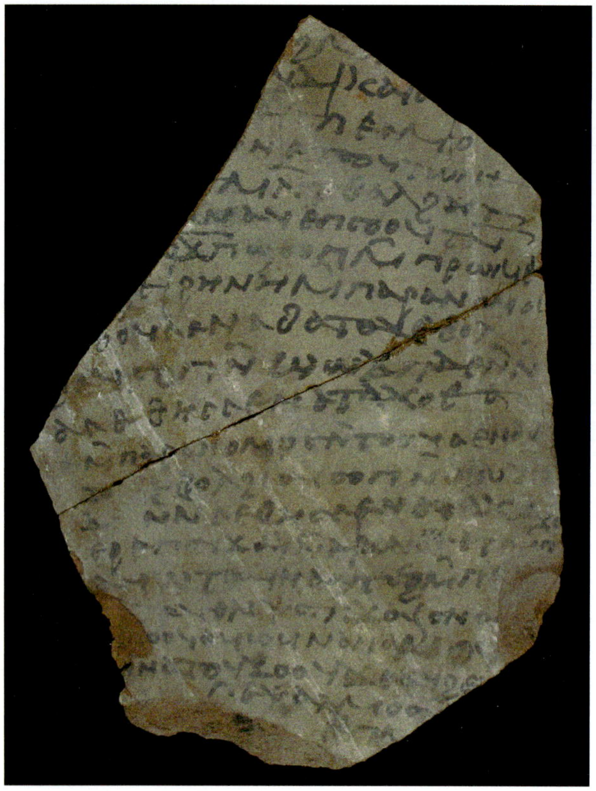

30

30
Koptische Schreibübung Psalm 37, 37–38,1

8. Jh.
14 x 18,5 cm
Ton
Koptisch

Diese koptische Schreibübung aus dem 8. Jh. enthält das Ende von Psalm 37 und den Beginn von Psalm 38. Die ungeübte Schrift und zahlreiche Schreibfehler zeigen den Charakter einer Übung. Ihr Zweck ist wohl die Erlernung des Textes. Dies belegt auch die wohl absichtliche Wiederholung eines Verses.

31

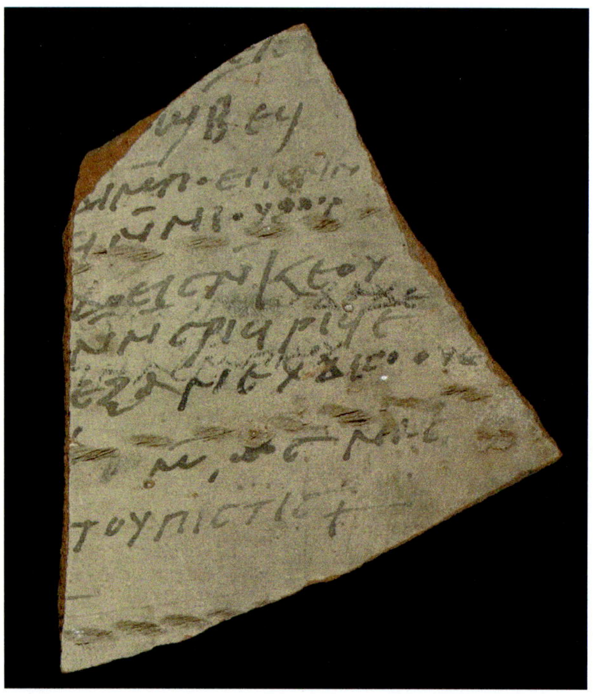

31
Ostrakon Matthäus-Evangelium

8. Jh.
8,5 x 7,5 cm
Ton
Koptisch

Die Schreibübung auf dem Ostrakon hat die Stelle über die kanaanäische Frau aus dem 15. Kapitel des Matthäus-Evangeliums in koptischer Übersetzung zum Inhalt. Die Tonscherbe war ehemals mit einem heute nicht mehr erkennbaren Text beschriftet und wurde durch Abwaschen wieder beschreibbar gemacht. Zwischen den Zeilen erkennt man noch Reste des älteren Textes. Die Buchstaben lassen auf eine geübte Schreiberhand schließen.

32
Ostrakon mit Reihenfolge der Evangelien

7. Jh.
10 x 8 cm
Kalkstein
Koptisch

In das 7. Jh. gehört dieser „Test“ über die Bibel. Jemand, dessen Schreibkunst ebenso wie sein Wissen um die Evangelien am Anfang steht, schreibt auf einem Ostrakon die Reihenfolge der Evangelien. Der Text beginnt mit *„Matthäus ist der erste“*. Evangelist ist zu ergänzen. Es folgt: *„Markus ist der zweite. Er schrieb sein Evangelium in Rom. Lukas ist der dritte Evangelist. Er schrieb in Syrien. Johannes ist der vierte. Er schrieb in Ephesos in den Bibliotheken.“*

32

33
Ossuar

Neutestamentliche Zeit (20 v.Chr. – 70 n.Chr.)
Länge: 60 cm, Höhe 29,5–35 cm, Breite 26 cm

Ossuare sind Knochenkästen, in denen die Knochen der Verstorbenen etwa ein Jahr nach dem Tod und damit nach der Verwesung eingesammelt wurden. Solche Ossuare gab es in Palästina nur während des Chalkolithikums (4. Jh. v.Chr.) und dann noch einmal um die Zeitenwende. Fast alle dieser jüngeren Ossuare wurden in der Zeit zwischen 20 v.Chr. und 70 n.Chr. benützt. Hintergrund dieser neuen Bestattungspraxis war sicher-

33.1

33.2

lich das Aufkommen der Vorstellung einer Auferstehung der Toten (vgl. Dan 12,2; Apg 23,6.8). Die Ossuare sind damit ein wichtiges Relikt, um die Frömmigkeit in Judäa zur Zeit Jesu zu verstehen.

Die Ossuare wurden vor allem im Umkreis von Jerusalem und von Jericho gefunden und sind in der Regel aus Kalkstein gefertigt. Bei einigen behielt man die Kalksteinfarbe bei, andere wurden mit roter Farbe bemalt. Die Größe orientiert sich an der Größe der Knochen. Die Ossuare wurden mit einem flachen oder dachförmigen Deckel verschlossen. Die Frontseite ist häufig mit Rosetten (wie bei diesem Exemplar) oder Hausmotiven verziert. Die Rosetten symbolisieren vielleicht die Sonne und damit ein Lebensmotiv. Die Architektursymbolik zeigt auf, dass das Ossuar als Grabhaus verstanden wurde. Die Verzierung der Ossuare ist von einem hohen künstlerischen Wert und wurde stets von den Künstlern sehr sorgfältig ausgefertigt. Recht ungeschickt sind dagegen die Namen und gelegentlich auch Berufsbezeichnungen, Spitznamen u.ä. in die Ossuare eingeritzt. Diese Ritzungen dürften von Familienmitgliedern vorgenommen worden sein. Bei dem ausgestellten Ossuar befindet sich die aramäische Inschrift rechts oberhalb der mittleren Rosette. Sie ist von sehr ungelenker Hand geritzt und könnte Ahabon „Liebling“ gelesen werden.

Das Aramäische war die Umgangssprache in Palästina in neutestamentlicher Zeit. Griechisch wurde nur von einer gebildeten Oberschicht verstanden, Hebräisch wurde nur noch für die Lektüre biblischer Texte verwendet.

34
Palmyrenisches Grabrelief

2.-3. Jh. nach Christus
53 cm
Kalkstein
Palmyrenische Schrift

Portrait eines bärtigen Mannes mit Inschrift

Palmyra (heute arabisch Tadmor = beschützter Ort) befindet sich 230 km nordöstlich von Damaskus und bildet eine Oase in der syrischen Wüstensteppe. Palmyra war die zentrale Handelsstation, die an der Straße von Damaskus nach Babylon lag. Besonders im 3. Jh. n.Chr. wurde Palmyra zu einer der prunkvollsten Städte im gesamten römischen Reich. Seit dem 4. Jh. gab es hier den Sitz eines christlichen Bischofs.

In den ersten drei Jahrhunderten nach Christus sind die Grabreliefs Zeugen einer unverwechselbaren palmyrenischen Kunst: starr nach vorne ausgerichtet mit einer linearen Steinbehandlung erhalten sie einen schematischen Ausdruck.
Rechts vom Kopf des Verstorbenen ist eine dreizeilige Inschrift zu erkennen, die leider nur noch unvollständig erhalten ist und übersetzt lautet:

1 … d/rj, Sohn des
2 … Sohn des Nasra
3 … Ach!

Die palmyrenische Sprache gehörte ursprünglich zum aramäischen Sprachbereich, wird aber von links nach rechts gelesen. Da das Palmyrenische viele Personennamen erhalten hat, ist es für die Namenskunde biblischer Personennamen eine unverzichtbare Quelle. Aber auch die Ausgrabungen in Palmyra vermitteln ein instruktives Bild von der Gestalt einer orientalischen Stadt zur Zeit des frühen Christentums.

34

35.1

35
Uschebti-Figur

Uschebti-Figur für den General Anch-Wah-ib-Re-sa-Neith
Hieroglyphen
7./6. Jh. v.Chr.
Fayence Ägypten
16,4 x 3,5 x 3,7 cm

Aus einem Familiengrab in Saqqara/Ägypten stammt die Totenstatuette mit eingetieften Hieroglyphen. Der Text beschreibt sie als Ackerbauer für das Jenseits, als Uschebti. Anstelle des Verstorbenen soll der Uschebti für ihn im Jenseits die landwirtschaftlichen Arbeiten ausführen, die seine Ernährung sicherten. Deshalb sollte für jeden Tag des Jahres ein Uschebti als Grabbeigabe vorhanden sein, zuzüglich 36 Aufseher.

Uschebtis haben im ägyptischen Kult um Tod und Weiterleben im Jenseits eine zwei Jahrtausende währende Tradition. Der Kopte – als Nachfahre der Alten Ägypter – verbindet den christlichen Glauben an die Auferstehung mit den alten Traditionen des Weiterlebens im Jenseits, wie sie Uschebtis verkörpern. In koptischen Gräbern wurden stattdessen heilige christliche Schriften gefunden. Kopten haben diese in einen Tonkrug untergebracht, den Krug sorgfältig verschlossen und ihn zusammen mit weiteren Grabbeigaben in das Grab des Verstorbenen gelegt.

35.2

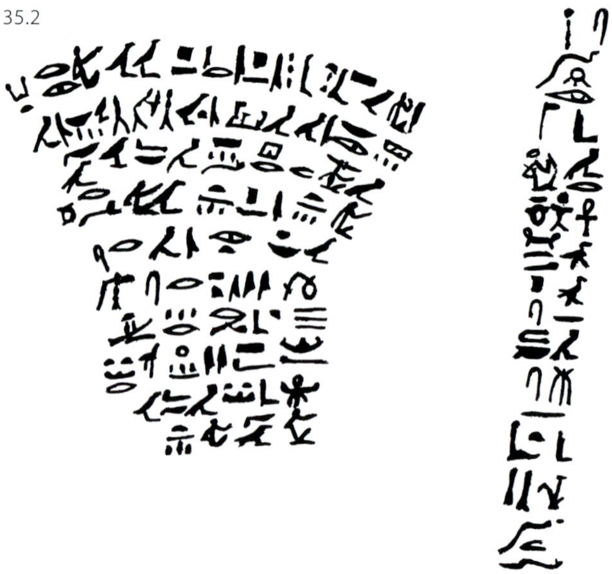

Übersetzung der Hieroglyphen:

„Erleuchtung des Osiris, des Generals, Anch-Wah-ib-Re-sa-Neith, gerechtfertigt (wahr an Stimme), Sohn des Psametik, geboren von der Iset-[en-]cheb, gerechtfertigt, er sagt: Oh ihr Uschebtis, wenn man mich abzählt, jegliche Arbeiten zu leisten, die dort im Totenreich geleistet werden, (und) wenn dort einem Mann bei seinen Aufgaben Übles auferlegt wird, ‚Hier bin ich', sollt ihr dann sagen, (wenn) man euch abzählt (anstatt) meiner zu jeglicher Zeit, um dort zu wirken, (nämlich) Felder zu bestellen, Uferstreifen zu bewässern (und) Sand (düngenden Nilschlamm) vom Westen zum Osten mit dem Boot überzufahren, [und umgekehrt], ‚Hier bin ich', sollt ihr dann sagen."

Übersetzung Birgit Schlick-Nolte.

Nahezu zeitgleich wurden in Mesopotamien und Ägypten vor über 5000 Jahren erste Schriftsysteme entwickelt. Die ägyptischen Hieroglyphen wurden dabei vor allem für offizielle Inschriften (z.B. Bauinschriften), aber auch für viele literarische Texte verwendet. Für das einfachere Schreiben verwendete man das Hieratische, später im 1. Jahrtausend v.Chr. auch das Demotische. Da Ägypten im 2. Jahrtausend die Oberherrschaft über Palästina innehatte und auch im 1. Jahrtausend noch ein wichtiger Machtfaktor im Nahen Osten war, bieten uns diese Inschriften viele Informationen für das Leben in dieser Zeit im Land der Bibel.

36
Uruk-Tafel

Uruk-Tafel (Kopie)
Beispiel für sumerische Schrift

Eine der großen Errungenschaften der Sumerer war gegen Ende des 4. Jhs. v.Chr. die Erfindung eines Schriftsystems. Zunächst wurden Tiere, Gegenstände etc. in vereinfachter Form bildlich dargestellt. Die beiden Keilschrifttafeln aus Uruk zeigen solch vereinfachte Abbildungen von Gegenständen und Zahlzeichen. Damit wird ein bestimmter Besitz markiert. Vergleicht man die erste mit der zweiten Tontafel, so ist schon eine stärkere Abstrahierung der Schriftzeichen erkennbar.

Neben Ägypten bildete das Gebiet Mesopotamiens den Ursprung der sumerischen Sprache. Die ersten Schriftzeugnisse waren dort in sumerischer Schrift geschrieben, die noch weitgehend eine Bilderschrift war.

36

37
Uruk-Tafel

Beispiel für sumerische Schrift

Vergleiche Kat. Nr. 36

38
Tontafel, Akkadisch

Beispiel für akkadische Schrift (Keilschrift)

Eine Weiterentwicklung des Sumerischen ist ab ca. 2600 v.Chr. die akkadische Schrift. Während in den Anfängen der Schriftentwicklung noch recht gut verständliche Bildsymbole verwendet wurden, sind die Keilschriftzeichen nun ohne jeglichen Bezug zu den ursprünglichen Bildzeichen. Die Keilschrift setzte sich bald im gesamten Vorderen Orient als die verbreitetste Schrift durch. So sind z.B. die Amarnabriefe, in denen sich im 14. Jh. v.Chr. Fürsten aus dem gesamten östlichen Mittelmeerraum an den ägyptischen König wenden, in Akkadisch abgefasst.

Bei den Ausgrabungen in Mesopotamien wurden inzwischen viele tausend Keilschrifttafeln gefunden, auf denen Wirtschaftstexte, aber oft auch literarische Texte festgehalten wurden. Die Texte, von denen viele noch unveröffentlicht sind, ermöglichen eine recht gute Rekonstruktion der Lebensverhältnisse der Menschen in der Antike. Aber auch aus der Königszeit in Israel sind mehrere akkadische Inschriften erhalten, die im Gebiet Israels und Judas gefunden wurden.

37

38

39 Inschrift Nr. 1

39

39 Inschrift Nr. 2

39
Akkadische Keilschrift

Rollsiegel (Kopie)
Lapis Lazuli
Spätes 3. Jt v.Chr.
Tell Suliemeh
Höhe 28 mm
Durchmesser 15 mm

Das Siegel zeigt einen kahlköpfigen Beter mit langem Gewand und zum Gebet erhobenen Händen. Vor dem Beter steht ein Ibex (Steinbock) mit den Vorderfüßen auf einem stilisierten Berg, aus dem ein Baum herauswächst; der Ibex frisst von den Blättern des Baumes. Ursprünglich gab es einen weiteren Ibex, von dem ein Vorderhuf noch zu sehen ist. Damit flankierten die beiden Tiere den Weltenbaum. Dieser Ibex wurde entfernt, um die große Inschrift Nr. 2 anzubringen, die sich damit als sekundär erweist. Der Sohn des ursprünglichen Besitzers hat dieses Siegel übernommen und seinen Namen an Stelle des einen Ibex eingetragen. Die ältere und ursprüngliche Inschrift Nr. 1 befindet sich zwischen dem Beter und dem Rücken des erhaltenen Ibex. Beide Inschriften sind typische Zeugnisse akkadischer Schrift.

Inschrift Nr. 1:
Apilkin,
Paschischu-Priester
von Batiritum

Inschrift Nr. 2:
Narum-ili,
Sohn des Apilkin.

40
Linsenförmige Schultafel

Altbabylonisch (2000-1600 v.Chr.)
Ton

Bei dieser kleinen Tontafel handelt sich um eine so genannte „linsenförmige Schultafel", wie sie besonders aus der altbabylonischen Zeit (ca. 2000-1600 v.Chr.) bekannt sind. Die Vorderseite dieser Texte ist stets relativ flach, während die unbeschriebene Rückseite eine konvexe Form hat. Häufig sind solche Tafeln mit 3 Zeilen beschriftet, selten haben sie mehr als 6 Zeilen Schrift. Diese Tafeln dokumentieren eine der ersten Stufen, die beim Erlernen der Schreibkunst zu erklimmen war. Trotz der wenigen Zeichen, die auf der Tafel zu erkennen sind, werden zwei Grundregeln der Schreibkunst sofort deutlich. So richtete man sich bei der Positionierung der einzelnen Zeichen nicht etwa, wie bei uns üblich, nach der unteren (ebenfalls mit einen Griffel in den weichen Ton gedrückten und nicht etwa „gezogenen“) Linie, sondern man „hängte“ die Zeichen in die obere Linie. Und zweitens lernte man schnell, die ganze Breite einer Zeile ausnutzen. Denn bei einer Tontafel kam es in der Regel nicht darauf an, möglichst viele Zeichen in einer Zeile zu platzieren.

Diese Tafel hat einen Durchmesser von recht genau 6 cm. In jeder der 3 Zeilen waren ursprünglich 3 Zeichen geschrieben, von denen jedoch die jeweils am linken Rand stehenden durch einen Bruch bis auf geringe Spuren nicht mehr erhalten sind.

Folgende Zeichen sind noch zu erkennen:
i(?)-lá-lá
[x] x ezen
[x] ninda ezen

In der ersten Zeile ist „x“ vielleicht der Rest von einem /i/ oder von dem Wortzeichen /DUMU/ „Sohn (von)“, wahrscheinlich handelt es sich um einen Personennamen.

Das erste erhaltene Zeichen in Z. 2 ist leider nicht sicher zu definieren, während es bei dem letzten Zeichen in Z. 2 und 3 jeweils um das sumerische Zeichen EZEN handelt, das soviel wie „Fest“ bedeutet und als Fremdwort *isinnum* Einzug in die babylonische Sprache gehalten hat. Das zweite Zeichen in Z. 3 ist NINDA das sumerische Zeichen für „Brot“, babylonisch *aklum* oder *akalum*. So liegt es nahe in den abgebrochenen Zeichen zu Beginn der Zeilen 2 und 3 ein kurzes Zahlzeichen zu vermuten und in Z. 3 „x Brote für das Fest“ bzw. „x Festbrote“ zu übersetzen. Parallel dazu hat wahrscheinlich in Z. 2 „x Fest-x“ gestanden. Die größte Ähnlichkeit hat das nicht sicher identifizierte Zeichen mit sumerisch /mur/ zu haben, von dem mehrere Lesungen möglich sind, jedoch hier keine – und damit leider keine Übersetzung – zu passen scheint.

(Text: G. Kryszat)

40

41
Tonblombe aus Schech Hamad

Beispiel für aramäische Schrift (Kopie)
um 625 v.Chr.

Im 1. Jahrtausend wurde das Aramäische zunehmend die wichtigste Sprache im gesamten Vorderen Orient. Die ältesten aramäischen Schriftzeugnisse stammen aus dem 10. oder 9. Jh. v.Chr. Das Aramäische ist eine Buchstabenschrift und nahm damit die Vereinfachung des Schriftsystems auf, die sich im Bereich der Mittelmeerküste und der Sinaihalbinsel im späten 2. Jh. v.Chr. vollzog. Schnell setzte sich das Aramäische anstelle des komplizierteren Akkadischen als internationale Handels- und Diplomatiesprache durch und wurde unter den Persern (ab 538 v.Chr.) im gesamten Vorderen Orient die gängige Verwaltungssprache. Auch das Alte Testament enthält einige Textpassagen in Aramäisch (Esr 4,8–6,2; Dan 2–7). Zur Zeit Jesu war Aramäisch die übliche Sprache in Israel. In nachexilischer Zeit wurden für die Abfassung hebräischer Texte die aramäischen Schriftzeichen verwendet, so dass beide Sprachen mit derselben Schrift geschrieben werden.

Auf derartigen Tonblomben wurden in aramäischer Schrift Eigentumsvermerke und sonstige wirtschaftlich

41

relevante Sachverhalte festgehalten. Die hier wiedergegebene Inschrift lautet (Übersetzung nach W. Röllig, AoF 24, 1997, 366–374): „Siegelurkunde des Khurizu, Sohn des Hadad-Gabri, über Silber – 8 Schekel, gehörig dem Baruq. Zu seinen Lasten zu einem Dritten davon (wird es anwachsen). 8. Monat, Eponym Kananayu, Zeugen: Schulmanu-Azar, Nadinu, Na'id-Hadad, Aplad-Azar, Schulmanu-Taqqin, Haziru." Eponymen waren wichtige Staatsbeamte, nach deren Wirktätigkeit die Jahre datiert wurden. So lässt sich die Abfassungszeit dieser Urkunde auf die Zeit um 625 v.Chr. bestimmen.

42
Hebräischer Siegelabdruck auf einem Tonklumpen (Bulle)

Beispiel für frühe hebräische Schrift

In den vergangenen Jahrzehnten wurden mehrfach Bullen aus Ton veröffentlicht. Papyrusbriefe, die nicht von Fremden gelesen werden sollten, wurden mehrfach gefaltet und anschließend mit einer Schnur, deren Spuren man auf der Rückseite der Bullen oft noch erkennen kann, umwickelt. Auf diese Schnur wurde ein Tonklumpen gelegt und mit einem Stempelsiegel festgedrückt. Im 7. und 6. Jh. v.Chr. setzten sich in Juda immer mehr Namenssiegel durch, d.h. es wurde auf die bildliche Gestaltung der Siegelfläche verzichtet und stattdessen der Name und häufig auch der Vatername oder eine Berufsbezeichnung angegeben. Das Siegel trägt die Aufschrift „Dem Schemajahu gehörend, dem Diener des Königs". „Diener des Königs" ist ein Titel für einen Minister am judäischen Königshof. Der Name Schemaja(hu) (= „Der Gott Jahwe hört") ist häufig im AT belegt (z.B. Jer 29,31f.; 2 Chr 31,15).

Das Hebräische hat sich als Dialektvariante aus dem Phönizischen entwickelt und wurde in ganz Israel und Juda gesprochen, wobei man durchaus noch einmal von Dialektvarianten in diesem Gebiet ausgehen kann. Es handelt sich (ebenso wie das Phönizische) um eine reine Konsonantenschrift. Das Alte Testament wurde nahezu vollständig (abgesehen von einigen aramäischen Stücken) in Hebräisch abgefasst.

42.1

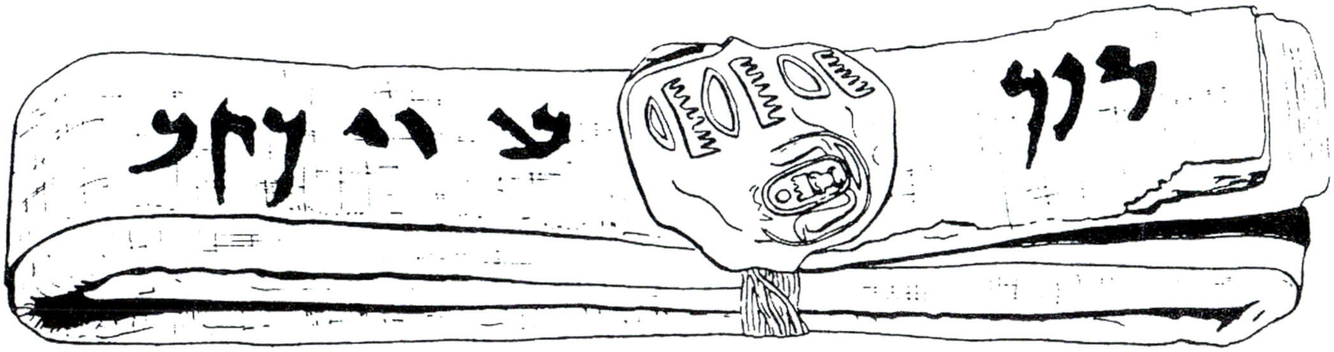

42.2

Beispiel für einen Papyrusbrief, der mit einer Schnur umwickelt und mit einer Bulle versiegelt wurde.

43
Hebräischer Siegelabdruck auf einem Tonklumpen (Bulle)

Beispiel für frühe hebräische Schrift

Dieser Bullenabdruck ist durch eine stilisierte Lotusblüte in zwei Zeilen geteilt. Die Inschrift lautet: „Dem Abijahu gehörend, dem Diener des Königs". Abijahu („Mein Vater ist der Gott Jahwe") ist ein nicht allzu häufiger Personenname im Hebräischen.

43

44

44
Hebräischer Siegelabdruck auf einem Tonklumpen (Bulle)

Beispiel für frühe hebräische Schrift

Bei diesem Siegel sind die Zeilen durch einen Doppelstrich von einander getrennt. Die Inschrift lautet „Dem Natanmelek gehörend, dem Diener des Königs". Der Name Natanmelek bedeutet „Mein König [wahrscheinlich als Ehrentitel für Gott] hat [das Kind] gegeben".

45

46.1

45
Hebräischer Siegelabdruck auf einem Tonklumpen (Bulle)

Beispiel für frühe hebräische Schrift

Dieses Siegel ist durch je zwei Doppelstriche in drei Reihen gegliedert. Die Inschrift lautet: „Im 20. Jahr, Nezib, dem König gehörend". Das 20. Jahr bezieht sich auf die Regierungszeit eines Königs. Da das Siegel aus dem Südreich Juda stammt und ins 8.–6. Jh. v.Chr. datiert werden kann, kann es sich bei dem vorausgesetzten König nur um Usija, Hiskia, Manasse oder Joschia handeln. Nezib ist eine Stadt in Juda (vgl. Jos 15,43), 10 km nordwestlich von Hebron gelegen. Die Angabe in der letzten Zeile, dass sich das Siegel auf den Besitz des Königs bezieht, macht wahrscheinlich deutlich, dass der Siegelbesitzer ein Krongut leitete und mit diesem Siegel Abgaben für das Krongut abstempelte.

46
Mesa Stele

Basalt (Kopie)
H: 1,10 m, B: 0,68 m, T: 0,36 m
Um 850 v.Chr.
Herkunft: Aus Dibon *(Dibōn)* im heutigen Jordanien
Moabitische Schrift

1868 wurde die in moabitischer Sprache abgefasste Inschrift von F.A. Klein, einem elsässischen Priester und Missionar im Dienste der anglikanischen Kirche, entdeckt. In der Folgezeit wurde die Inschrift von den Einheimischen zerstört und die Fragmente später von verschiedenen Museen angekauft. Mit Hilfe eines Abklatsches konnte der nicht mehr vollständig erhaltene Text weitgehend rekonstruiert werden.

Der Stein setzt die Herrschaft Omris (882/878–871 v.Chr.), aber auch seiner Söhne voraus (Zeile 8). Die Angabe von 40 Jahren (Zeile 8) ist gerundet und umschreibt eine Generation. Am ehesten wird man an die Zeit Jorams denken können (851–845 v.Chr.).

Das Moabitische ist, ebenso wie das Hebräische, eine Dialektvariante des Phönizischen. Die Moabiter lebten östlich des Toten Meeres und waren damit unmittelbare Nachbarn der Israeliten und der Judäer. Die Meschastele aus der Mitte des 9. Jhs. v.Chr. belegt, dass es zwischen beiden Völkern auch zu Kriegen gekommen ist.

Übersetzung:

[1] Ich bin Mescha, Sohn des Kamoschjat, König von Moab, der [2] Dibonite. Mein Vater war König über Moab dreißig Jahre lang, und ich wurde König [3] nach meinem Vater. Und ich machte dieses Höhenheiligtum für Kamosch [moabitischer Nationalgott] in Qericho [Kultbezirk von Dibon] als Dank für eine Wendung zum [4] Heil, denn er errettete mich vor allen Aufständischen und, fürwahr, ließ mich triumphieren über alle meine Gegner.

Omri [5] war König von Israel, und er bedrängte Moab lange Zeit, denn Kamosch zürnte seinem Land. [6] Und es folgte ihm sein Sohn. [=Ahab (871–852 v.Chr.)] Und er sprach: Ich will Moab bedrängen. In meinen Tagen dachte er so, [7] aber ich triumphierte über ihn und sein Haus. Israel ist für immer zu Grunde gegangen.

Omri hatte sich des ganzen [8] Gebietes von Madeba bemächtigt und er wohnte darin während seiner Tage und während der Hälfte der Tage seiner Söhne, vierzig Jahre. [9] In meiner Zeit aber wohnte Kamosch darin. Ich baute Baal-Meon wieder auf und errichtete ein Wasserbecken darin. Und ich baute [10] Kirjathon wieder auf. Die Gaditer wohnten seit jeher im Lande von Atarot, und der [11] König von Israel hatte Atarot [10] für sich gebaut. [11] Ich griff die Stadt an, nahm sie ein und tötete die ganze Bevölkerung [12] der Stadt als Schauspiel für Kamosch und für Moab. Und ich brachte von dort den Altar ihres (Gottes) Dod und schleppte [13] ihn vor Kamosch nach Qerijot. Und ich siedelte bei ihnen Leute von Saron und Leute [14] von Macharat an.

Kamosch sprach zu mir: Geh, nimm Nebo im Kampf gegen Israel. Da [15] zog ich bei Nacht los und kämpfte gegen es von Tagesanbruch bis Mittag. Ich nahm [16] es ein und tötete alles: 7000 Mann, Beisassen, Frauen, Beisassinnen und [17] Sklavinnen, denn an Aschtar-Kamosch hatte ich sie geweiht. Und ich nahm von dort die Geräte [18] Jahwes und schleppte sie hin vor Kamosch.

Der König von Israel hatte [19] Jahaz gebaut; er lagerte darin, während er mich bekämpfte. Da vertrieb ihn Kamosch vor mir und [20] ich holte aus Maob zweihundert Mann, seine ganze Anführerschaft. Ich brachte sie nach Jahaz und nahm es ein, [21] um es Dibon anzugliedern.

Ich baute Qericho, die Mauer um die Parkanlagen und die Mauer [22] um die Akropolis. Ich baute ihre Tore und ich baute ihre Türme. [23] Ich errichtete den Königspalast. Ich schuf die Staumauer des Beckens für die

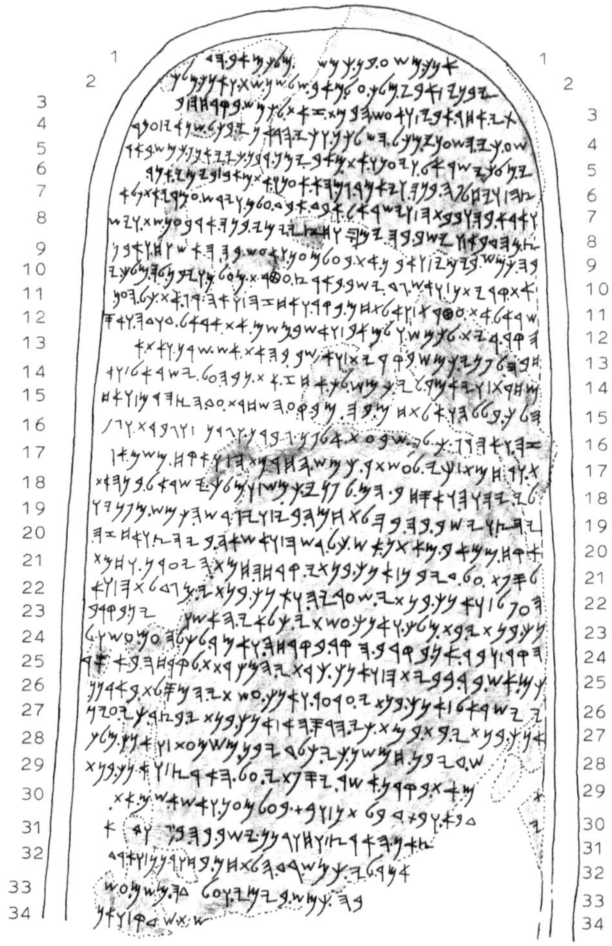

46.2

Quelle inmitten [24] der Stadt. Aber eine Zisterne gab es nicht in der Stadt, in Qericho, sondern ich sprach zu dem ganzen Volk: Macht euch [25] jeder eine Zisterne in seinem Haus. Ich ließ die Ausschachtungsarbeiten für Qericho durch Gefangene [26] Israels verrichten.

Ich baute Aroer und ich schuf die Straße am Arnon. [27] Ich baute Bet-Bamot, denn es war zerstört. Ich baute Bezer wieder auf, denn es lag in Trümmern, [28] mit fünfzig Mann aus Dibon; denn ganz Dibon ist mir gehorsamspflichtig. Und ich regierte [29] über Hundert in den Städten, die ich dem Lande angliederte. Ich baute [30] ... Madeba, Bet-Diblaton und Bet-Baal-Meon (wieder auf) und brachte die ... dorthin. [31] ... Kleinvieh des Landes.

Was Horonan betrifft: Darin wohnte ... [32] ... Kamosch sprach zu mir: Steige hinab, bekämpfe Horonan. Da stieg ich hinab [33] bekämpfte die Stadt und nahm sie ein, und es wohnte darin Kamosch in meinen Tagen. Und ... von dort ... [34] ... und ich ...

47

47
Stele Jehaumilk

Inschrift des Jehaumilk (Kopie)
Byblos
5./4. Jh. v.Chr.
Phönizische Schrift

Im 12./11. Jh. v.Chr. wurde an der östlichen Mittelmeerküste von den Phöniziern eine Buchstabenschrift entwickelt, die sich in der Folgezeit mit großem Erfolg im ganzen Mittelmeerraum durchgesetzt hat. Das Phönizische war viel einfacher zu erlernen als das Akkadische und wurde daher schnell die wichtigste Sprache für Diplomatie und Handel. Das Hebräische stellt eine Dialektvariante des Phönizischen dar und hat deren Buchstaben übernommen.

Die 1,13 x 0,56 m große Stele wurde 1869 in Byblos im Hof des großen Heiligtums der „Herrin von Byblos“ gefunden. Sie stammt aus dem 5./4. Jh. v.Chr. Das Relief am oberen Rand der Stele zeigt die „Herrin von Byblos“ als sitzende Gottheit, dargestellt in der Form der ägyptischen Göttin Hathor mit einer gehörnten Sonnenscheibe. Vor ihr steht der König Jehaumilk mit der rechten Hand zur Verehrung bzw. zum Gebet erhoben. In der linken Hand hält er eine Schale, die er opfernd der Göttin darbietet. Bekleidet ist er in persischer Tracht. Über der Göttin und dem König ist die geflügelte Sonnenscheibe abgebildet.

Übersetzung:

Ich bin Jehaumilk, König von Byblos, Sohn des Jaharbaal, Enkel des Urimilk, Königs von Byblos. Mich machte die Gebieterin „Herrin von Byblos“ zum König über Byblos. Und ich betete zu meiner Gebieterin „Herrin von Byblos“, da erhörte sie meinen Ruf. Und ich machte meiner Gebieterin „Herrin von Byblos“ diesen kupfernen Altar hier, der sich in diesem [...] befindet, und diese goldene Gravierung hier, welche sich gegenüber von dieser meiner Gravierung befindet, und die goldene Flügelsonne, die sich mitten auf dem Stein über dieser goldenen Gravierung hier befindet, und diese Säulenhalle, ihre Säulen und die Kapitelle über ihnen und ihr Dach. Ich machte es, Jehaumilk, König von Byblos, meiner Gebieterin „Herrin von Byblos", demgemäß, wie ich zu meiner Gebieterin „Herrin von Byblos" gerufen hatte; sie aber erhörte meinen Ruf und schuf mir Frieden. Möge die „Herrin von Byblos" den Jehaumilk segnen, den König von Byblos, und ihn beleben und lang machen seine Tage und seine Jahre über Byblos, denn er ist ein gerechter König. Die Gebieterin „Herrin von Byblos" möge ihm Gnade vor den Göttern und Gnade vor dem Volk dieses Landes und Gnade vor allen Königen geben.

Und jeder Mensch, der noch etwas hinzufügt zu diesem Altar hier oder an dieser goldenen Gravierung hier oder an dieser Säulenhalle: Meinen eigenen Namen, Jehaumilk, König von Byblos, sollst du neben dem deinen setzen auf das oben erwähnte Werk. Wenn du aber den Namen zu dem deinigen nicht darauf setzt oder wenn du dieses Werk entfernst oder fortschaffst das [...] mit seiner Basis von diesem Ort, oder öffnest sein Versteck, so soll die Gebieterin „Herrin von Byblos" jenen Menschen und seinen Samen verderben vor allen Göttern von Byblos.

48
Pergament-Codex

5. Jh.
43 x 64 cm
[45 x 71 cm]
Pergament
Griechisch

Diese Doppelseite aus einem Pergament-Codex stellt ein schönes Beispiel für die griechische Buchkunst des 5. Jh. n. Chr. dar. Charakteristisch ist die klare und nüchterne, fast schmucklose Textgestaltung. Das Blatt stammt aus einem Lektionar mit Texten aus den Evangelien, die im Rahmen eines Gottesdienstes vom Zelebrant vorge-

48

tragen wurden. In zwei Spalten pro Seite hat das vorliegende Blatt die Seligpreisungen der Bergpredigt nach Matthäus erhalten. Die Lesung beginnt in der ganz linken Spalte mit der Verkündigung und Krankheilung in Galiläa – optisch hervorgehoben durch einen Absatz und das spiralförmige Ornament. In der Spalte rechts daneben markieren ein kurzer roter Strich und das Herausrücken der Zeile den Beginn der Bergpredigt. Es folgen die neun Seligpreisungen, die jeweils mit dem Wort *makarioi*, also „Selig sind die", und einem kurzen Strich eingeleitet werden. Der Buchstabe „My" wird jeweils betont vor die Zeile gestellt. Das Ende dieser Evangelienlesung findet sich in der ganz rechten Spalte oben und wird durch ein kleines Ornament und eine Strichreihe abgeschlossen. Darunter folgt eine neue Lesung aus der Bergpredigt mit den Worten zu den zwei Wegen und den Warnungen vor den falschen Propheten.

Mit der Verbreitung der phönizischen Schrift und Sprache auch im westlichen Mittelmeerraum übernahmen die Griechen für ihre eigene Sprache die phönizischen Buchstaben und wandelten sie etwas ab. Mit dem militärischen Triumph der griechischen Truppen unter Alexander dem Großen im späten 4. Jh. v.Chr. und der nachfolgenden Hellenisierung des Orients fand das Griechische auch Verbreitung im östlichen Mittelmeerraum. Zur Zeit Jesu war das Griechische die gängige Gelehrtensprache. Auch das Neue Testament ist in Griechisch abgefasst worden und hatte damit schon in seinen ersten Jahren eine bessere Möglichkeit, im gesamten westlichen Mittelmeerraum Verbreitung zu finden, als bei einer Abfassung in Aramäisch.

49
Papyrus-Codex

6./7. Jh.
21,5 x 40,5
[25 x 50 cm]
Papyrus
Griechisch

Die Doppelseite aus einem griechischen Papyruscodex aus dem 6. oder 7. Jh. n.Chr. enthält Teile des 1. und 2. Korintherbriefes. Die Spaltenschreibweise lässt zuerst an

49

die Gestaltung einer Rolle denken. Jedoch der Falz in der Mitte und die beschriebene Rückseite weisen das Blatt eindeutig als Codex aus mit einer ursprünglichen Seitengröße von etwa 30 x 23 cm. Die Schrift mit den verhältnismäßig großen Buchstaben erinnert an das Koptische.

Die rechte Spalte der linken Seite beinhaltet das 11. Kapitel des 2. Korintherbriefes über Paulus und die „Überapostel" mit dem Zitat „Ich habe euch das Evangelium verkündet" in den letzten beiden Zeilen. Es fällt auf, dass beim Verb *euengelisamen* in der vorletzten Zeile entgegen dem Normtext der Septuaginta ein Gamma zu wenig geschrieben wurde. In der linken Spalte der rechten Seite lesen wir einen Absatz aus dem 1. Korintherbrief über die Sammlung für die Gemeinde in Jerusalem. Auch hier finden sich kleinere Abweichungen vom normierten Text.

Dass die beiden Spalten nicht die bekannte inhaltliche Abfolge einhalten, könnte zwei Gründe haben. Entweder fehlen eine bestimmte Anzahl von Blättern zwischen den beiden Seiten oder es handelt sich, was wahrscheinlicher ist, hierbei um eine Zusammenstellung einzelner Kapitel aus den Korintherbriefen. Der Codex enthielte dann Epistellesungen zu liturgischen Zwecken.

50

2. Korintherbrief

6. Jh. (erster Text)
mehrere Fragmente
[35 x 65 cm]
Pergament
Griechisch, Pehlevi
Hermopolis

Das Doppelblatt aus dünnem Pergament mit Auszügen aus dem 2. Korintherbrief in Griechisch stammt aus Hermopolis und zieht vor allem durch seine Überschreibung mit den großen schwarzen Lettern der Pehlevi-Schrift die Aufmerksamkeit auf sich. Pehlevi ist mittelpersisch und erscheint in Ägypten mit der Besetzung des Landes durch die Sassaniden von 619 bis 629 n.Chr. Als Schreibmaterial werden Blätter aus älteren Papyrus- oder Pergamentcodices verwendet, die zu Rollen zusammengenäht und wie hier einfach überschrieben werden. In erster Linie haben sich Briefe und Zeugnisse zum Handel oder Abrechnungslisten erhalten.

Der hier überschriebene griechische Bibeltext ist dem ausgehenden 6. Jh. n.Chr. zuzuordnen und enthält das 5. und 6. Kapitel aus dem 2. Brief an die Korinther in Auszügen. Der Codex bestand ursprünglich aus 18 cm breiten und 25 cm hohen Blättern.

50

51

51

Pergamentblatt Lukas-Evangelium

6. Jh.
30,5 x 23,5 cm
[38 x 32 cm]
Pergament
Koptisch

Das Koptische ist die jüngste Weiterentwicklung des Ägyptischen und ging im 3. Jh. n.Chr. aus dem Demotischen hervor. Ihre Schrift entspricht weitgehend den griechischen Buchstaben, die um einige Buchstaben ergänzt wurden, um alle Laute entsprechend abbilden zu können. Das Koptische war die Sakralsprache der Christen in Ägypten und wird noch heute dort – trotz des Arabischen als gängige Sprache – benützt.

Diese Seite aus dem 6. Jh. n.Chr. besticht vor allem durch ihren üppigen Buchschmuck am linken Blattrand. Die Hervorhebung und Verzierung des Epsilon mit geometrischen und floralen Motiven in roter, gelber und blaugrüner Farbe zu einer Initiale prägt das Schriftbild. Illustrationen dieser Art sind typisch für die koptische Buchkunst, die damit im Gegensatz zur nüchternen griechischen Gestaltung steht.

Das Pergamentblatt hat einen Abschnitt des Lukas-Evangeliums in koptischer Übersetzung erhalten. Über den beiden Spalten ist in der Mitte rot eingerahmt der Name Lukas zu lesen. Am rechten Rand dienen die beiden Buchstaben Lambda und Theta als Angabe der Seitenzahl 39. In der oberen Hälfte der linken Spalte steht das Gleichnis vom Haus auf dem Felsen. In der Mitte markiert die Epsilon-Initiale den Beginn der Geschichte vom Hauptmann in Kapharnaum und schließt damit inhaltlich an den oberen Absatz an. Das bedeutet, dass hier die Seite aus einem Evangeliumscodex vor uns liegt. Die Satzzeichen sind durch rote Punkte hervorgehoben. In der rechten Spalte ist zweimal ein roter Strich über einem Iota und einem Sigma gezogen, um so das *nomen sacrum* für Jesus zu kennzeichnen.

52

Pergamentblatt Markus-Evangelium

5. Jh.
18,5 x 16 cm
[26 x 20 cm]
Pergament
Syrisch

Älteste Bibelzeugnisse aus Ägypten sind nicht auf die griechische und die koptische Sprache beschränkt. Dieses Blatt zeigt in stark verblasster Tinte eine Übersetzung des Markus-Evangeliums ins Syrische. Die Übersetzung ist in der gebräuchlichen Version der syrischen Kirche, der Peschitta, abgefasst. Der überlieferte Text der Peschitta, deren Entstehung in die letzten Jahrzehnte des

52

4. Jh. n.Chr. fällt, ist gut, weist nur wenige Varianten auf und orientiert sich stark an der griechischen Tradition. Das Blatt stammt wahrscheinlich aus dem frühen 5. Jh. n.Chr. und gibt einen Absatz vom Urteil des Herodes über Jesus wieder. Es weist auf eine Gruppe von Syrern in Ägypten hin, die sich im Umgang untereinander ihrer Sprache bedienten und dies auch in ihrem religiösen Leben anwandten.

53
Pergamentblatt Markus-Evangelium

4./5. Jh.
5,4 x 5 cm
[8 x 11 cm]
Pergament
Griechisch
Fayum 1881–1884

Das dünne und ausgezeichnet gearbeitete Pergamentblatt aus dem 4. oder 5. Jh. n.Chr. hat die linke untere Ecke einer Codexseite erhalten. Diese hatte ursprünglich eine Größe von 11 x 15 cm und war in einer Spalte mit 19 Zeilen beschrieben. Unten wurde ein Freirand von etwa 2 cm Breite eingehalten. Die griechische Schrift zeigt sich hier als aufrechte, quadratische Bibelunziale. Der Text stammt aus dem Markusevangelium und gibt zwei Verse aus dem Abschnitt von der Kreuzigung Jesu wieder. In Zeile drei ist mit dem griechischen Wort *basileus* auch der Grund für seine Verurteilung zu lesen: Er ist der König – der König der Juden. Die nächsten Zeilen berichten, dass zwei Räuber mit ihm gekreuzigt wurden, einer rechts und einer links von ihm. Erkennbar ist in der vorletzten Zeile ganz links das Wort *lestas* für Räuber und darunter der Satzteil *hena ex euonymon* für „der andere links von ihm".

54
Papyrus Apostelgeschichte

5./6. Jh.
18 x 22 cm
[23 c 29 cm]
Papyrus
Griechisch
Fayum 1881

Die drei zusammengesetzten Fragmente ergeben den oberen Teil einer Codexseite aus einem hellbraunen, gut gearbeiteten Papyrus mit Auszügen aus der Apostel-

53

54

geschichte. Die ursprüngliche Größe der Seite betrug etwa 22 x 28 cm. Der unbeschriebene Rand beträgt oben 3 cm, außen, also rechts, 4 cm und an der Innenseite 1,5 cm. Der griechische Text ist in einer leicht nach rechts geneigten Unziale von schwerfälligem Charakter geschrieben, die in das 5. oder 6. Jh. n.Chr. einzuordnen ist.

Die Schauseite hat einen Absatz aus der Rede des Stephanus erhalten. Dieser berichtet dem Hohepriester, dass einst Gott zu Abraham sagte, seine Nachkommen werden Fremdlinge sein in einem fremden Land und sie werden geknechtet und schlecht behandelt werden. Der letzte Teil dieses Satzes ist in der ersten Zeile auf dem Papyrusblatt zu lesen: *kai dulosusin auto kai kakosusin*. Auf der Rückseite findet die Rede ihre Fortsetzung.

55
Pergament Hebräerbrief

5. Jh.
7 x 8,5 cm
[9 x 14 cm]
Pergament
Griechisch
Fayum, 1881

Auf diesem Pergament finden sich Reste des Hebräerbriefes, der im spätantiken Ägypten sehr gut bezeugt ist. Das Fragment bildete die innere, obere Ecke eines Codexblattes, das ursprünglich in zwei Spalten mit durchschnittlich je 23 Zeilen beschrieben war, und zeigt die für das 5. Jh. n.Chr. typische Unzialschrift mit gleichmäßigen Buchstaben. Die Reste von fünf Zeilen stammen vom 11. Kapitel über die Zeugen des Glaubens im Alten Bund mit dem Zitat: *en Isaak kletesetai soi sperma* „Was von Isaak stammt, soll dein Geschlecht genannt werden."

55

56
Papyrus Hebräerbrief

6. Jh.
5,2 x 3,5 cm
[11 x 8 cm]
Papyrus
Griechisch

Das Fragment aus dem 6. Jh. n.Chr. ist auf Vorder- und Rückseite beschrieben und stammt aus einem Codex, dessen Blätter ursprünglich etwa 18 x 28 cm gemessen haben. Der Text konnte trotz der spärlichen Reste im Jahr 1991 als Hebräerbrief identifiziert werden. So ist etwa in der fünften Zeile das Wort *martyrion* für Zeugnis gut lesbar und darüber das Wort *pistos* für treu. Mit Hilfe von Konkordanzen und Datenbanken war eine Zuordnung zum Hebräerbrief möglich.

56

57

57
Codexblatt Hebräerbrief

4. Jh.
5,5 x 4 cm
[11 x 8 cm]
Pergament
Griechisch
Fayum 1883

Das Fragment entstammt der äußeren Hälfte eines griechischen Codexblattes aus dem 4. Jh. n.Chr. mit einem rechten Freirand von etwa 0,5 cm. Die Buchstaben sitzen auf einer Blindlinierung auf, die hier sehr gut zu sehen ist. Dabei wurden die Zeilen in das Pergament eingekratzt, um so den Schriftspiegel besser einhalten zu können. Auf dieser Seite ist ein Auszug aus dem 12. Kapitel des Hebräer-Briefes zu sehen über den Kampf des Glaubens im Neuen Bund und dem Zitat, dass auch ein Tier gesteinigt werden soll, wenn es den Berg anrührt. In der drittletzten Zeile ist mit *tu orus* der Berg genannt.

58

58
Pergamentblatt Paulusbrief

4./5. Jh.
5 x 6 cm
[8 x 11 cm]
Pergament
Griechisch
Fayum, 1881–1884

Aus dem Brief des Paulus an die Römer stammt dieses gut gearbeitete Pergamentblatt, das in zwei Spalten zu je 25 bis 30 Zeilen mit 16 Buchstaben beschrieben war. Die ausgeprägte, gerade Unzialschrift erlaubt eine Zuordnung in das späte 4. oder frühe 5. Jh. n.Chr. Das Fragment bildete einmal die innere obere Ecke einer Codexseite und beinhaltet einige Verse aus dem Kapitel über die Juden und das Gesetz.

59
Pergament 2. Korintherbrief

6. Jh.
7 x 8,5 cm
[9 x 14 cm]
Pergament
Griechisch
Fayum 1891

Die Seite aus dem 2. Korintherbrief gehörte zu einem sehr sorgfältig ausgeführten Miniaturexemplar der Paulusbriefe mit einer Blattgröße von 8,5 x 12 cm. Beschrieben in zwei Spalten ist eine Linierung nicht erkennbar. Die Anfangsbuchstaben neuer Verse sind etwas größer ausgeführt und aus der Zeile herausgerückt. Die Lesung wird durch den durchscheinenden Text auf der Rückseite erschwert, da das Pergament sehr dünn ist.

Pergament wird aus enthaarten, geglätteten und getrockneten Tierhäuten hergstellt. Im Unterschied zum Leder wird es nicht gegerbt. Man unterscheidet eine Haar- und eine Fleischseite, die in der Regel besser zu beschreiben ist.

59

60

60
Papyrus Verleugnung Petrus

3. Jh.
4,3 x 3,5 cm
[8 x 11 cm]
Papyrus
Griechisch

Dieser Text enthält die Ansage der Verleugnung des Petrus. Er kann entweder als Vorstufe zur synoptischen Evangelienbildung, vielleicht als so genanntes Urevangelium, oder als Fragment eines unbekannten Evangeliums angesehen werden. Es könnte sich aber ebenso gut auch um eine Paraphrase handeln, denn im Vergleich mit den entsprechenden Stellen der Evangelien ist der Text verkürzt wiedergegben.

Die Übersetzung lautet:

„[Beim Heraus]führen s[prach] er: A[lle in dieser] Nacht werdet ihr [Anstoß nehmen, wie es] geschrieben ist: Ich werde [den Hirten] schlagen und die Schafe werden zerstreut werden. [Es sprach Petrus]: Auch wenn alle, ich [nicht. Es sprach der Herr: Bevor der] Hahn zweimal krä[ht, wirst du mich dreimal heute verleugnen].“

61
Codexblatt Genesis

5. Jh.
13,7 x 11,5 cm
[23 x 17 cm]
Pergament
Griechisch

Das Codexblatt mit einer ursprünglichen Größe von 15 x 14 cm aus dem 5. Jh. trägt einen Text aus dem Buch Genesis. Die beiden Spalten umfassten jeweils 23 Zeilen, wobei jede zweite Zeile in einem Abstand von 9 mm auf der Fleischseite blind vorgezogen wurde. Links und rechts ist jede Kolumne durch eine senkrecht eingekratzte Linie abgeschlossen. Das relativ kleine Format der Handschrift macht es wahrscheinlich, dass in ihr nur die Genesis enthalten war, für die nach einer groben

61

62

Berechnung etwa 150 Blätter erforderlich waren. Keinesfalls konnte sie den ganzen Pentateuch umfassen.

Die gezeigte Seite beinhaltet die Verse 1 bis 6 aus dem Kapitel 28 des Buches Genesis, das uns die Jakobsgeschichte überliefert. Der Text hier mit dem Aufbruch Jakobs zu seinem Onkel Laban hat einige textkritische Varianten aufzuweisen, die typisch sind für die unterägyptische und fayumische Rezension der Sepuaginta.

62
Pergamentcodex Jeremia

6. Jh.
18,5 x 5,5 cm
[23 x 12 cm]
Pergament
Griechisch
Fayum 1881–1884

Dieses Blatt war Teil eines sehr sorgfältig gearbeiteten Pergamentcodex aus dem 6. Jh., bei dem die Zeilenlinien auf der Fleischseite blind vorgezogen wurden. Eine Vertikale dient zur senkrechten Begrenzung des Schriftspiegels. Die Spalten waren etwa 5 cm breit, womit sich eine ursprüngliche Blattgröße von 17 x 21 cm errechnen lässt. Die Schrift ist eine schöne Bibelunziale.

Der Inhalt ist dem 13. Kapitel des Buches Jeremias zuzuordnen. Es handelt sich um die Verse 16 bis 18 über den Hochmut. Auf der Rückseite stehen die Verse 22 bis 25 über die Schändung Jerusalems.

63
Pergament Sacharja

5. Jh.
10 x 12 cm
[17 x 23 cm]
Pergament
Koptisch
Achmim (Panopolis)

Das Doppelblatt in recht handlichem Format mit 10 x 12 cm pro Seite stammt aus Achmim in Mittelägypten, dem antiken Panopolis. Es ist Teil eines Codex, der das

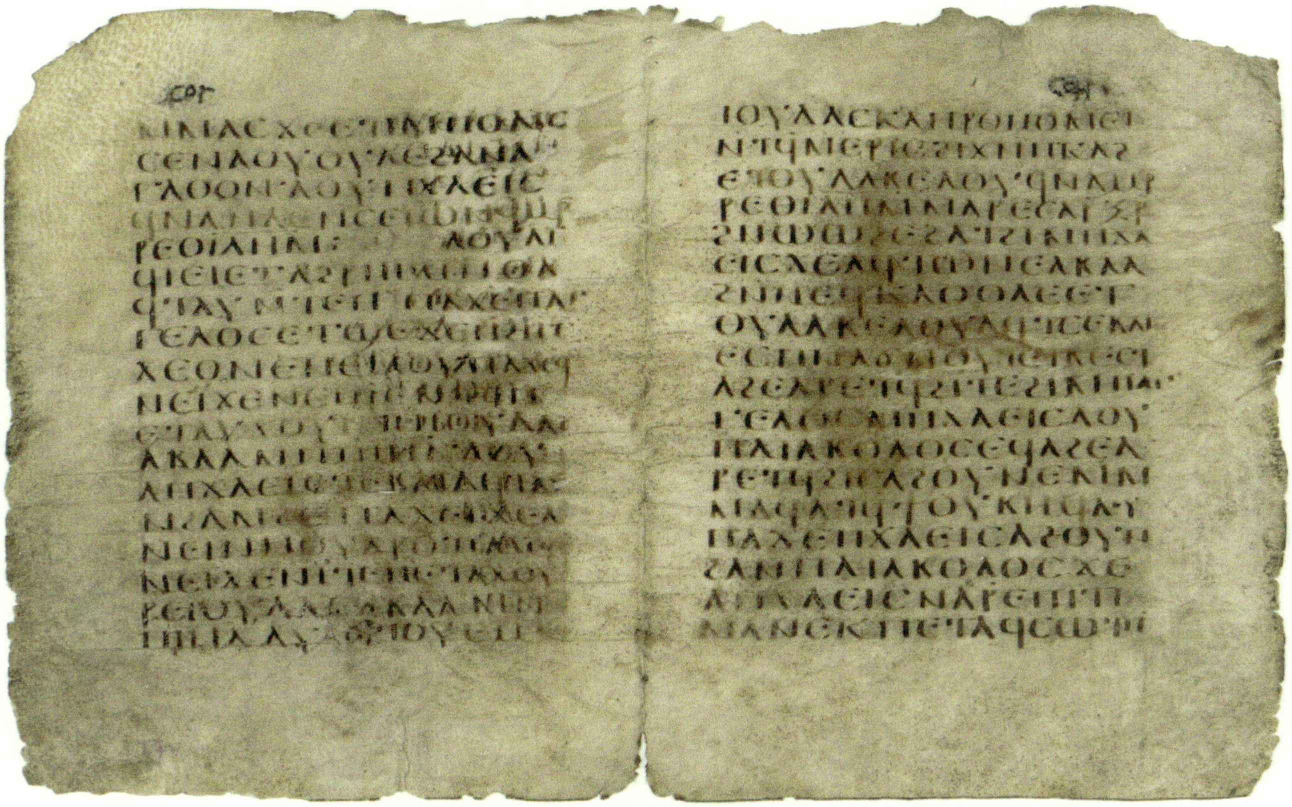

63

Zwölfprophetenbuch in koptischer Übersetzung beinhaltet. Seine Besonderheit liegt in der frühen Entstehungszeit: Die schnörkellose, zierliche Schrift und die fehlenden Verzierungen weisen das Buch in das 5. Jh. n.Chr. und machen es damit zu einem der frühesten koptischen Bibeltexte. Bemerkenswert ist die exakte Einhaltung des Schriftspiegels.

Die beiden Schauseiten zeigen Stellen aus dem Buch Sacharja. Links oben die dreistellige Seitenzahl Sigma, Omikron, Gamma für 273 und rechts oben Sigma, Omikron, Eta für 278. Das heißt: dazwischen fehlen vier Seiten und damit ein beidseitig beschriebenes Doppelblatt. Die ersten Zeilen auf dem linken Blatt bringen den Schluss vom 1. Kapitel des Buches. Vor dem Beginn des 2. Kapitels über die vier Hörner und Schmiedehämmer in der fünften Zeile ist ein deutlicher Freiraum belassen, um die Sinngrenze zu markieren. Auf der rechten Seite steht das Ende vom 2. Kapitel und der Beginn des 3. über den Hohepriester Josua.

64

Pergament 2. Könige

6. Jh.
28 x 22 cm
[36 x 29 cm]
Pergament
Koptisch

Die vollständig erhaltene Pergamentseite ist ein typisches Beispiel für koptische Buchkunst. Der in zwei Spalten angeordnete Text wird von den aus der Zeile herausgerückten Initialen geprägt. In den Zeilen sind mehrfach Punkte zur Kennzeichnung einer Sinngrenze gesetzt. Als Rahmen dienen am oberen und unteren Blattrand in zentraler Position zwei Flechtknoten. Diese können über ihre ornamentale Funktion hinaus nach den Gesetzen der Magie auch als Schutzsymbole betrachtet werden. Ihre Eigenschaft, ohne Anfang und ohne Ende zu sein, verleiht ihnen eine magische Kraft.

Die Seite beinhaltet das 5. Kapitel aus dem 2. Buch der Könige über Jerusalem als Hauptstadt des Reiches.

64

Am Beginn des unteren Drittels der linken Spalte ist zu lesen, dass sich David in der Burg niederließ und sie die Stadt des David nannte. Am Beginn der rechten Spalte wird berichtet, wie Hiram, der König von Tyrus, Boten schickte, um für David einen Palast zu bauen und wie David erkennt, dass ihn der Herr zum König über Israel bestimmt hat. Das Wort „Israel" ist als *nomen sacrum* mit den überstrichenen Buchstaben Pi, Iota, Eta und Lambda am Ende der zehnten Zeile zu erkennen. Ebenso als *nomen sacrum* steht das Wort „Jersualem" mit den überstrichenen Buchstaben Iota, Epsilon, Lambda, Eta und My.

65
Pergament Psalm

6. Jh.
6 x 8,5 cm
[9 x 14 cm]
Pergament
Griechisch
Fayum 1881–1884

Für die Liturgie des frühen Christentums waren Lesungen aus dem Alten Testament in den Gottesdiensten unverzichtbarer Bestandteil. Besondere Wertschätzung genossen dabei die Psalmen, die neben der liturgischen Verwendung auch für die private Frömmigkeit sehr beliebt waren.

Das vorliegende Fragment aus dem 6. Jh. n.Chr. war Teil der unteren Hälfte eines Codexblattes. Vom unteren Freirand ist ein 1,8 cm breiter Streifen erhalten. Der Text ist stichisch geschrieben und umfasste pro Seite 24 Zeilen, was auf eine Blattgröße von 12 x 13 cm schließen lässt. Zu lesen sind die ersten drei Verse von Psalm 13.

65

66 (Abbildung s. Seite 112)
Papyrus Psalm 102 bis 124

6. Jh.
26,8 x 12,5 cm pro Seite
[32 x 36 cm]
Papyrus
Koptisch

Die Seitennummerierungen am oberen Rand der beiden Blätter zeigen, dass es sich hier um die Seiten 19 und 21 eines koptischen Papyruscodex mit Psalmen handelt. Ursprünglich umfasste das Buch 36 Seiten mit den Psalmen 102 bis 124. Die beidseitig beschriebenen Seiten zeichnen sich durch die schöne, regelmäßige Unzialschrift aus, die deutlich unter griechischem Einfluss steht, und durch die graphisch ästhetische Anordnung des Textes in stichischer Schreibweise. Die Psalmanfänge werden durch Paragraphos und die Nummerierung klar markiert. Die Charakteristik der Schrift berechtigt, die Entstehung des Codex im frühen 6. Jh. n.Chr. anzunehmen.

Auf dem linken Blatt stehen oben zentriert die beiden Buchstaben Iota und Theta für die Seitenzahl 19. Darunter sind am Zeilenanfang links Rho und Eta für die Psalmzahl 108 zu lesen. Rechts daneben steht „David". Es folgen die Verse 1 bis 10 von Psalm 108, auf der Rückseite, also auf Seite 20, die Verse 10 bis 18 und auf Seite 21, gekennzeichnet auf dem rechten Blatt oben durch die beiden Buchstaben Kappa und Alpha, folgen die Verse 18 bis 26 bzw. auf der Rückseite Vers 27, sowie die Verse 1 bis 3 von Psalm 109.

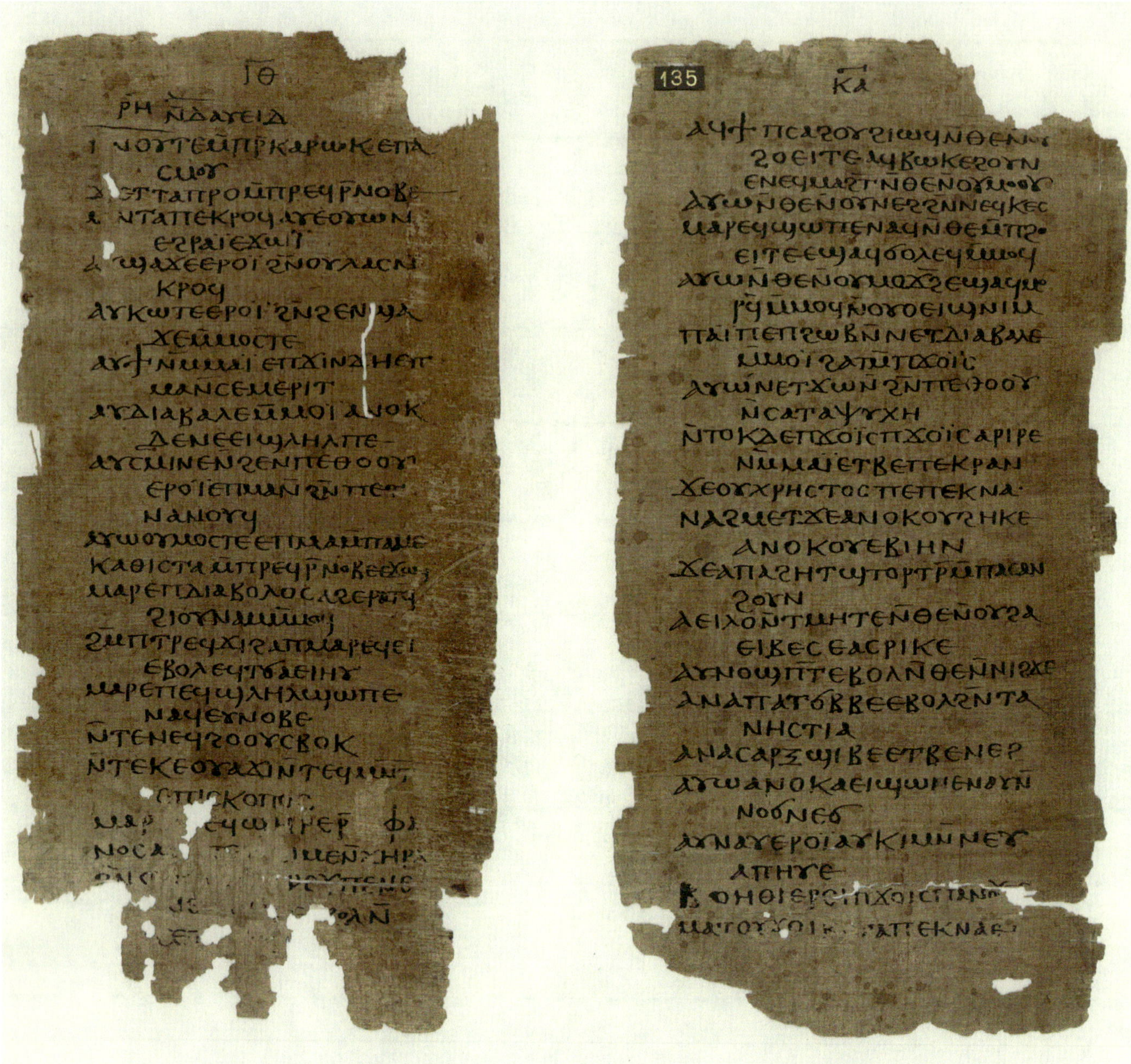

66

67

Papyrus Psalm 136

6./7. Jh.
5 x 5 cm
[8 x 11 cm]
Papyrus
Griechisch
Fayum 1881–1884

Das Fragment wird dem 6. oder 7. Jh. zugeordnet und gehörte ursprünglich zur Seite eines Psalmbuches aus Papyrus. Dieses war in einer griechischen Schrift abgefasst, die stark an das Koptische erinnert. Erhalten haben sich einige Verse von Psalm 136. In der dritten Zeile ist das Wort *basilea* vom Vers 20 gut zu erkennen, das hier Og, den König von Basan bezeichnet.

67

68

Papyrus Hymnus 8

6./7. Jh.
10 x 16 cm
[17 x 23 cm]
Papyrus
Griechisch

Die Hymnen des Romanos Melodos, der zu Beginn des 6. Jh. n.Chr. in Konstantinopel wirkte, gehören fast ausnahmslos der Dichtungsform des so genannten „Kontakion" an. Es handelt sich dabei um eine Art poetische Predigt, die sehr oft in Dialogform gehalten ist und meistens mit einem Schlussgebet in der letzten Strophe endet.

Der vorliegende Text aus dem 6. oder 7. Jh. n.Chr. gibt einen Ausschnitt aus dem Hymnus 8, der den „Drei Jünglingen im Feuerofen" gewidmet ist. Gesungen wurde das Lied am 17. Dezember. Zu beachten ist die Zierleiste am unteren Rand des Blattes.

68

69

70

69

Papyrus Hymnus 11

6./7. Jh.
9,5 x 9,2 cm
[12 x 17 cm]
Papyrus
Griechisch

Der fragmentarische Text enthält Teile des Hymnus 11 von Romanos Melodos. Dieser Hymnus ist der Geburt Christi gewidmet. Gesungen wurde er am 26. Dezember.

70

Papyrus Hymnus 32

6./7. Jh.
10 x 17,5
[24 x 18 cm]
Papyrus
Griechisch

Auf diesem Papyrusblatt haben sich Reste des Hymnus 32 auf den Einzug in Jerusalem erhalten, der am Palmsonntag gesungen wurde.

71

Pergament Kontakions des Romanos

6./7. Jh.
16,5 x 14,8 cm
[23 x 23 cm]
Pergament
Griechisch

Dieser Text ist Teil des Proömiums und der ersten Strophe eines Kontakions des Romanos auf die Auferweckung des Lazarus. Es handelt sich um ein Einzelblatt, das nicht Teil einer liturgischen Sammelhandschrift war. Das Pergament ist nur auf der Fleischseite beschrieben. Zwischen zahlreichen dunklen Flecken ist die Tinte zum Teil stark verblasst. Die Schrift, eine nicht sehr regelmäßige Majuskel mit Tendenzen zur Kursive, gehört in das 6. oder 7. Jh.

72
Papyrus Lukas-Evangelium

5. Jh.
14,2 x 9,4 cm;
6 x 12,9 cm
[26 x 30 cm]
Papyrus
Griechisch
Hermopolites

Der griechische Text aus der 2. Hälfte des 5. Jh. gibt in den ersten Zeilen zwei Verse aus dem 15. Kapitel des Lukas-Evangelium wieder, die vom Gleichnis der verlorenen Drachme berichten. Auffallend ist dabei die Wiederholung des Satzes „So sage ich euch, wird Freude sein vor den Engeln Gottes über einen Sünder, der Buße tut.“ in der Mitte des Textes, die auf eine rhetorische Stilisierung hinweist. Die Zeilen darunter sind nicht eindeutig zuordbar. Am ehesten könnte man einen homiletischen Text vermuten, der auf die Lukas-Stelle Bezug nimmt.

71

72

Abbildungsnachweis

Frontispiz: © Österreichische Nationalbibliothek

Abb. S. 6/7: © Österreichische Nationalbibliothek

Abb. S. 14/15: © Österreichische Nationalbibliothek

Von der Keilschrift zum Codex

Abb. 1 Aus: Ägyptens Aufstieg zur Weltmacht (Hildesheim/Mainz 1987) 131, Abb. 38. Photograph: Michael Lindner, Hannover

Abb. 2 Aus: Calwer Bibellexikon (Calwer Verlag, Stuttgart), S. 1209

Abb. 3 Photo: W. Zwickel

Abb. 4 Photo: Thomas Hartmann, Copyright: Johannes Gutenberg-Universität Mainz

Abb. 5 Aus: W. F. Albright, The Proto-Sinaitic Inscriptions and their Decipherment (Cambridge/Mass. 1966), 18

Abb. 6 Aus: S. von Reden, Ugarit und seine Welt (Lübbe Verlag Bergisch Gladbach 1992), 224

Abb. 7 Umzeichnung der Inschrift und Photo: R. Lehmann

Abb. 9 Photo: Institut für Klassische Archäologie, Universität Mainz

Abb. 10 Aus: W. Hoepfner (hrsg.), Antike Bibliotheken (Mainz 2002), 63

Abb. 11 Photo: Archiv Seminar für Altes Testament und Biblische Archäologie, Universität Mainz

Abb. 12 Aus: AW 3 (2000), 325. Photo: Rheinisches Landesmuseum Trier

Abb. 13 Photo: Carl Wildbrett, Bobingen

Abb. S. 34/35: © Österreichische Nationalbibliothek

Abb. S. 44/45: Photo: J. Willeitner, Gröbenzell

Das Katharinenkloster auf dem Sinai
Geschichte – Kunst – Gottesdienst

Abb. 1 Photo: Helfried Weyer, Buxtehude

Abb. 2 Photo: Helfried Weyer, Buxtehude

Abb. S. 62/63: © Österreichische Nationalbibliothek

Abb. S. 72/73: © Österreichische Nationalbibliothek

Abb. S. 84: © Österreichische Nationalbibliothek

Katalog

1 Bucheinband
Österreichische Nationalbibliothek

2 Chester Beatty-Papyrus
Österreichische Nationalbibliothek

3 Bücherliste
Österreichische Nationalbibliothek

4 Ostrakon
Österreichische Nationalbibliothek

5 Ostrakon
Österreichische Nationalbibliothek

6 Ostrakon
Österreichische Nationalbibliothek

7 Papyrusblatt Apostelgeschichte
Österreichische Nationalbibliothek

8 Amulettkapsel
Antikensammlung Staatliche Museen zu Berlin,
Photo: Johannes Laurentius

9 Schutzamulett
Österreichische Nationalbibliothek

10 Stempelsiegel
Johannes Gutenberg-Universität Mainz, Wolfgang Zwickel

11 Rollsiegel
Johannes Gutenberg-Universität Mainz, Wolfgang Zwickel

12 Papyrusblatt Psalm 63, 2-3
Österreichische Nationalbibliothek

13 Papyrusstreifen Psalm 24,1
Österreichische Nationalbibliothek

14 Amulett
Österreichische Nationalbibliothek

15 Doppelblatt Psalm 1 und 4
Österreichische Nationalbibliothek

16 Amulett Psalm 91
Österreichische Nationalbibliothek

17 Amulett Psalm 119
Österreichische Nationalbibliothek

18 Papyrusblatt mit Psalmversen
Österreichische Nationalbibliothek

19 Ostrakon Alpha und Omega
Österreichische Nationalbibliothek

20 Schutzamulett mit Gabelkreuz
Österreichische Nationalbibliothek

21 Amulett mit Alltagsschrift
Österreichische Nationalbibliothek

22 Papyrusblatt Psalm 10,1–4
Österreichische Nationalbibliothek

23 Trilingue
Österreichische Nationalbibliothek

24 Papyrsublatt Pater noster
Österreichische Nationalbibliothek

25 Schulheft vollständig erhalten
Österreichische Nationalbibliothek

26 Ägyptischer Schreiber
Kunsthistorisches Museum Wien

27 Koptisch-arabisches Schulheft
Österreichische Nationalbibliothek

28 Koptisch-arabische Schulübung
Österreichische Nationalbibliothek

29 Psalm 35
Österreichische Nationalbibliothek

30 Koptische Schreibübung Psalm 37 und 38
Österreichische Nationalbibliothek

31 Ostrakon Matthäus-Evangelium
Österreichische Nationalbibliothek

32 Ostrakon mit Reihenfolge der Evangelien
Österreichische Nationalbibliothek

33 Ossuar
Johannes Gutenberg-Universität Mainz, Wolfgang Zwickel

34 Palmyrenisches Grabrelief
Bibelhaus am Museumsufer

35 Uschebti-Figur
Archäologisches Museum Frankfurt/Main

36 Uruk-Tafel (Kopie)
Johannes Gutenberg-Universität Mainz, Wolfgang Zwickel

37 Uruk-Tafel (Kopie)
Johannes Gutenberg-Universität Mainz, Wolfgang Zwickel

38 Tontafel, Akkadisch (Kopie)
Johannes Gutenberg-Universität Mainz, Wolfgang Zwickel

39 Akkadische Keilschrift (Kopie)
Johannes Gutenberg-Universität Mainz, Wolfgang Zwickel

40 Linsenförmige Schultafel
Johannes Gutenberg-Universität Mainz, Wolfgang Zwickel

41 Tonblombe Aramäisch Schech Hamad (Kopie)
Johannes Gutenberg-Universität Mainz, Wolfgang Zwickel

42 Tonverschluss Hebräisch
Richard Wiskin

42 Corpus der Stempelsiegel-Amulette aus Palästina/Israel.
O. Keel

43 Heller Tonverschluss
Richard Wiskin

44 Heller Tonverschluss
Richard Wiskin

45 Fiskaler Tonverschluss
Richard Wiskin

46 Stele Mesa (Kopie)
Bildarchiv Preußischer Kulturbesitz Berlin

47 Stele Jehaumilk (Kopie)
Johannes Gutenberg-Universität Mainz, Wolfgang Zwickel

48 Pergament-Codex
Österreichische Nationalbibliothek

49 Papyrus-Codex
Österreichische Nationalbibliothek

50 2. Korintherbrief
Österreichische Nationalbibliothek

51 Pergamentblatt Lukas-Evangelium
Österreichische Nationalbibliothek

52 Pergamentblatt Markus-Evangelium
Österreichische Nationalbibliothek

53 Pergamentblatt Markus-Evangelium
Österreichische Nationalbibliothek

54 Papyrus Apostelgeschichte
Österreichische Nationalbibliothek

55 Pergament Hebräerbrief
Österreichische Nationalbibliothek

56 Papyrus Hebräerbrief
Österreichische Nationalbibliothek

57 Codexblatt Hebräerbrief
Österreichische Nationalbibliothek

58 Pergamentblatt Paulusbrief
Österreichische Nationalbibliothek

59 Pergament 2. Korintherbrief
Österreichische Nationalbibliothek

60 Papyrus Verleugnung Petrus
Österreichische Nationalbibliothek

61 Codexblatt Genesis
Österreichische Nationalbibliothek

62 Pergamentcodex Jeremia
Österreichische Nationalbibliothek

63 Pergament Sacharja
Österreichische Nationalbibliothek

64 Pergament 2. Könige
Österreichische Nationalbibliothek

65 Pergament Psalm
Österreichische Nationalbibliothek

66 Papyrus Psalm 102 bis 124
Österreichische Nationalbibliothek

67 Papyrus Psalm 136
Österreichische Nationalbibliothek

68 Papyrus Hymnus 8
Österreichische Nationalbibliothek

69 Papyrus Hymnus 11
Österreichische Nationalbibliothek

70 Papyrus Hymnus 32
Österreichische Nationalbibliothek

71 Pergament Kontakions des Romanos
Österreichische Nationalbibliothek

72 Papyrus Lukas-Evangelium
Österreichische Nationalbibliothek

Leihgeberverzeichnis

1 Bucheinband
Österreichische Nationalbibliothek
P.Vindob. BD 29

2 Chester Beatty-Papyrus
Österreichische Nationalbibliothek
P.Vindob. G 31.974

3 Bücherliste
Österreichische Nationalbibliothek
P.Vindob. G 26.015

4 Ostrakon
Österreichische Nationalbibliothek
P.Vindob. KO 676

5 Ostrakon
Österreichische Nationalbibliothek
P.Vindob. KO 470

6 Ostrakon
Österreichische Nationalbibliothek
P.Vindob. KO 679

7 Papyrusblatt Apostelgeschichte
Österreichische Nationalbibliothek
P.Vindob. K 7.544

8 Amulettkapsel
Staatliche Museen zu Berlin
Antikensammlung
Inventarnummer 30219,480

9 Schutzamulett
Österreichische Nationalbibliothek
P.Vindob. G 60.398

10 Stempelsiegel
Privatsammlung

11 Rollsiegel
Privatsammlung

12 Papyrusblatt Psalm 63, 2-3
Österreichische Nationalbibliothek
P.Vindob. G 26.166

13 Papyrusstreifen Psalm 24,1
Österreichische Nationalbibliothek
P.Vindob. G 17.087

14 Amulett
Österreichische Nationalbibliothek
P.Vindob. G 29.831

15 Doppelblatt Psalm 1 und 4
Österreichische Nationalbibliothek
P.Vindob. G 3.089

16 Amulett Psalm 91
Österreichische Nationalbibliothek
P.Vindob. G 2.312

17 Amulett Psalm 119
Österreichische Nationalbibliothek
P.Vindob. G 26.786

18 Papyrusblatt mit Psalmversen
Österreichische Nationalbibliothek
P.Vindob. G 27.290a

19 Ostrakon Alpha und Omega
Österreichische Nationalbibliothek
P.Vindob. KO 98

20 Schutzamulett mit Gabelkreuz
Österreichische Nationalbibliothek
P.Vindob. K 7.090

21 Amulett mit Alltagsschrift
Österreichische Nationalbibliothek
P.Vindob. G 38.624

22 Papyrusblatt Psalm 10,1–4
Österreichische Nationalbibliothek
P.Vindob. G 29.525

23 Trilingue
Österreichische Nationalbibliothek
P.Vindob. K 11.346

24 Papyrsublatt Pater noster
Österreichische Nationalbibliothek
P.Vindob. L 91

25 Schulheft vollständig erhalten
Österreichische Nationalbibliothek
P.Vindob. G 29.274

26 Ägyptischer Schreiber
Kunsthistorisches Museum Wien
Inventarnummer ÄS 75

27 Koptisch-arabisches Schulheft
Österreichische Nationalbibliothek
P.Vindob. K 1540a

28 Koptisch-arabische Schulübung
Österreichische Nationalbibliothek
P.Vindob. K 1540b

29 Psalm 35
Österreichische Nationalbibliothek
P.Vindob. G 26.205

30 Koptische Schreibübung Psalm 37 und 38
Österreichische Nationalbibliothek
P.Vindob. KO 595

31 Ostrakon Matthäus-Evangelium
Österreichische Nationalbibliothek
P.Vindob. KO 474

32 Ostrakon mit Reihenfolge der Evangelien
Österreichische Nationalbibliothek
P.Vindob. KO 391

33 Ossuar
Sammlung Seminar für Altes Testament und Biblische Archäologie,
FB 01: Evangelische Theologie,
Johannes Gutenberg-Universität Mainz

34 Palmyrenisches Grabrelief
Liebieghaus Frankfurt
Inventarnummer 853

35 Uschebti-Figur
Archäologisches Museum Frankfurt/Main
Inventarnummer 96,8.3

36 Uruk-Tafel (Kopie)
Römisch-Gemanisches Zentralmuseum Mainz
Inventarnummer 42484/1

37 Uruk-Tafel (Kopie)
Römisch-Gemanisches Zentralmuseum Mainz
Inventarnummer 42484/2

38 Tontafel, Akkadisch (Kopie)
Römisch-Gemanisches Zentralmuseum Mainz
Inventarnummer 42397/1

39 Akkadische Keilschrift (Kopie)
Römisch-Gemanisches Zentralmuseum Mainz
Inventarnummer 42390

40 Linsenförmige Schultafel
Privatsammlung

41 Tonblombe Aramäisch Schech Hamad (Kopie)
Römisch-Gemanisches Zentralmuseum Mainz
Inventarnummer 42491/4

42 Tonverschluss Hebräisch
Sammlung S. Moussaieff London

43 Heller Tonverschluss
Sammlung S. Moussaieff London

44 Heller Tonverschluss
Sammlung S. Moussaieff London

45 Fiskaler Tonverschluss
Sammlung S. Moussaieff London

46 Stele Mesa (Kopie)
Musé du Louvre, Paris
Inventarnummer A0 2142-5060-5066

47 Stele Jehaumilk (Kopie)
Musé du Louvre, Paris
A0 22368

48 Pergament-Codex
Österreichische Nationalbibliothek
P.Vindob. G 2.324B

49 Papyrus-Codex
Österreichische Nationalbibliothek
P.Vindob. G 39.784

50 2. Korintherbrief
Österreichische Nationalbibliothek
P.Vindob. G 19.802

51 Pergamentblatt Lukas-Evangelium
Österreichische Nationalbibliothek
P.Vindob. K 9.150

52 Pergamentblatt Markus-Evangelium
Österreichische Nationalbibliothek
P.Vindob. Syr 5

53 Pergamentblatt Markus-Evangelium
Österreichische Nationalbibliothek
P.Vindob. G 36.112

54 Papyrus Apostelgeschichte
Österreichische Nationalbibliothek
P.Vindob. G 17.973

55 Pergament Hebräerbrief
Österreichische Nationalbibliothek
P. Vindob. G 26.055

56 Papyrus Hebräerbrief
Österreichische Nationalbibliothek
P.Vindob. G 42.417

57 Codexblatt Hebräerbrief
Österreichische Nationalbibliothek
P.Vindob. G 19.888

58 Pergamentblatt Paulusbrief
Österreichische Nationalbibliothek
P.Vindob. G 36.113

59 Pergament 2. Korintherbrief
Österreichische Nationalbibliothek
P.Vindob. G 3.073

60 Papyrus Verleugnung Petrus
Österreichische Nationalbibliothek
P.Vindob. G 2.325

61 Codexblatt Genesis
Österreichische Nationalbibliothek
P.Vindob. G 26.101

62 Pergamentcodex Jeremia
Österreichische Nationalbibliothek
P.Vindob. G 26.093

63 Pergament Sacharja
Österreichische Nationalbibliothek
P.Vindob. K 11.000

64 Pergament 2. Könige
Österreichische Nationalbibliothek
P.Vindob. K 9.391

65 Pergament Psalm
Österreichische Nationalbibliothek
P.Vindob. G 35.772

66 Papyrus Psalm 102 bis 124
Österreichische Nationalbibliothek
P.Vindob. K 1.231

67 Papyrus Psalm 136
Österreichische Nationalbibliothek
P.Vindob. G 35.887

68 Papyrus Hymnus 8
Österreichische Nationalbibliothek
P.Vindob. G 29.430

69 Papyrus Hymnus 11
Österreichische Nationalbibliothek
P.Vindob. 26.216

70 Papyrus Hymnus 32
Österreichische Nationalbibliothek
P.Vindob. G 26.225

71 Pergament Kontakions des Romanos
Österreichische Nationalbibliothek
P.Vindob. G 26.068

72 Papyrus Lukas-Evangelium
Österreichische Nationalbibliothek
P.Vindob. G 1.140+G 40197